新たな
安全保障外交への道

インド太平洋戦略2.0

衆議院議員
和田義明

扶桑社

はじめに

安全保障政策は私のライフワークである。私が政治の世界に飛び込んだ2016年4月以来、8年余と長くはない政治キャリアではあるが、自民党国防部会副部会長や防衛大臣補佐官という防衛関係の役職にあるときも、内閣府副大臣や政務官という防衛以外の役職にあるときも、初当選から一貫して安全保障政策に取り組んできた。

初当選から2年後の2018年には党国防部会の下部組織、サイバーセキュリティ小委員会を設立し、自衛隊サイバー部隊の抜本強化やサイバー攻撃源に対するサイバー反撃の必要性などを訴えた。2020年、私が発起人となり、自民党内に防衛産業強化と防衛装備品の海外輸出を促進する勉強会を立ち上げた。この勉強会は後に議員連盟に発展して、防衛装備品の輸出ルールを定めた「防衛装備移転三原則」とその運用指針の改正を強力に後押しした。その改正は日英伊で共同開発する次世代戦闘機

ローマで開催された日英伊防衛相会談にて。

GCAPの第三国輸出解禁の道も開き、日本の安全保障政策を大きく転換させた。

2022年には自民党の安全保障調査会・国防部会で「安全保障3文書」策定に際して敵基地反撃能力や防衛装備品海外移転、継戦能力、能動的サイバー防御などの確立・強化を強く訴えた。党内には慎重派も多く、連日激論が交わされた。「安全保障三文書」は同年末に閣議決定され、防衛予算がGDPの約2%となることが決まり、日本が真に国家国民を守り抜く体制の構築に大きな一歩を踏み出した。防衛大臣補佐官としてはインド、インドネシアなどへの防衛装備品輸出・共同開発の議論をスタートさせ、フィリピンやオーストラリアなどとの交渉に参画した。先述の次世代戦闘機GCAPの日英伊条約締結に先立ち、大臣級会合に代理出席して、遅れる恐れのあった締結のタイミングを堅持するなどの折衝《せっしょう》に携わった。

我が国では先の大戦の敗戦と戦後教育の影響から、長年にわたり安全保障から目を背け、議論することすらタブー視されてきた。政治家が安全保障体制強化の必要性を語るだけで「右翼」のレッテルを貼られた。特に私の選挙区である北海道は旧社会党勢力が強く、「平和憲法で日本の平和を守ろう」などという無責任な綺麗事《きれいごと》が相当程度の支持を集める土地柄である。ただでさえ「外交は票にならない、国防は票を減らす」のが通例である中、一貫して安全保障・国防政策に取り組み、そのあるべき姿を発信し続けるにあたっては多少の勇気を必要とした。三度の厳しい選挙を多くの方々のお力で何とか勝たせていただいた私としては、政治生命を危険に晒《さら》すリスクを背負うことでもあった。そうした些《いささ》かの逡巡《しゅんじゅん》がありながらも安全保障・防衛政策をライフワークとし続けることを決断をした理由は、これこそが政治家が直視しなければならない祖国日本の平和の要石《かなめいし》であり、国民が安全安心な暮らしを送るための最大の保険であるという信念であった。

この信念を形成した原体験は、中学、高校そして社会人のときに平和や安全が当た

シドニーで開催された「Indo-Pacific 2023」にて。
オーストラリア国軍トップのキャンベル大将を日本ブースにて迎えて。

り前ではなかった海外生活にある。中学3年生だった1986年、父親の仕事の関係でフランスに移住した。ちょうどその年はイランやシリアが背後にいる親パレスチナ組織により首都・パリが集中的なテロ攻撃の標的となった年だった。国営企業やクリスマス前のデパートなどを標的とした爆弾テロ、政府や企業要人の暗殺など凄惨な事件が頻繁に起きていた。私が学校に行くために利用していた地下鉄も爆弾予告を受けて運行停止になることが日常茶飯事であった。

高校卒業の年、同じパリのインターナショナルスクールに通っていた同級生のドイツ人から、当時湾岸戦争が行われていたイラクに派遣されると打ち明けられた。詳しく聞くと、彼の親がフランス人と再婚したことを機に国籍をフランスに変更したところ、当時まだフランスには徴兵制度があったため召集されることになったということだった（注：1997年に段階的な廃止が完了）。気が優しく、少し内気で、どう考えても兵士には向かない同級生がどうか無事に帰ってきてほしいと切に願った。

学校にはイラン革命やレバノンの内戦から逃れてフランスに亡命してきた子どももおり、中には家族を失った子どももいた。彼らは時折、帰れない故郷への想い、平穏だった故郷での暮らしと亡命先での暮らしのギャップ、革命や紛争の恐怖を語ってくれた。多感な思春期を政治・社会情勢が不安定なフランスで過ごしたことで、平和を当たり前のものとして享受する多くの日本人とは異なる感覚が、自分の中で形作られていった。

大学卒業後は三菱商事の商社マンとして約20年間、海外の自動車事業に携わり、中南米や東南アジア、インドなどの地域を飛び回った。1年間の長期滞在を経験したペルーでは、赴任直前に在ペルー日本国大使公邸の占拠事件が発生し、現地の支店長が何カ月もの間テロリストに拘束された。事件の後もテロや誘拐事件があり、直接銃撃

地元選挙区の千歳市に所在する陸上自衛隊第七師団、田浦師団長（当時）他精鋭諸官と共に。

音を耳にしたこともあった。5年間の駐在生活を送ったインドでは、2008年にムンバイで同国史上最悪の同時多発テロ事件が発生し、日本人などの外国人を含む172人の死者が出た。テロ現場となったタージマハルホテルは、私がムンバイに出張した際によく宿泊していたホテルだった。そのテロで、顔馴染みのスタッフが何人も乱射の犠牲になった。このホテルのレストランで働いていた日本人シェフは最終的には無事だったが、ホテルがテロリストに占拠されていたときに部屋から出られなくなり、安否確認の為に電話した電話口からは緊迫した状況が痛いほど伝わってきた。

政治の道に入ってからは自衛隊の訓練や記念式典をよく訪れた。また現役隊員やOBから貴重な薫陶《くんとう》をいただいている。2016年、地元選挙区の施設部隊や普通科部隊が国連平和維持活動（PKO）で南スーダンに派遣されることになった。隊員の壮行会に参列して一人一人の隊員と握手して激励をした。原則志願制だったが、不安な面持ちをした若い隊員も少なくなかった。隊員のご家族は不安と寂しさで何とも言えない空気がただよっていた。当時、独立から間もない南スーダンではキール大統領派とマシャール副大統領派の間で断続的な衝突があった。「ことに臨んでは危険を顧みず、身をもって責務の完遂に務め、もって国民の負託に応える」。まだ幼さが抜けない若き自衛官はこう宣誓をして自衛官になる。自衛隊の任務は政治が決める。派遣隊の隊員の無事を祈りながら「政治家が、私が、この若者たちを守らなければならない」と強く思った。

世界を駆け巡る大きな事件に遭遇するたびに、「どうか日本は無事であってほしい」「家族や大事な人が無事であってほしい」と祈るような思いが込み上げる。そしてその都度、国民の平和な暮らしを守ることが国民から負託を受けた国会議員の使命であるとの思いを強くした。

政治の道に進み、我が国の安全保障政策に携わるようになった今、日本に平和と繁栄をもたらしてきた先人たちの偉大さに改めて気づかされた。同時に、紛争やテロを比較的近い距離で見てきたからこそ、現実を直視し、日本の平和と繁栄を守り抜き、次の世代に引き継ぐ責任の一端を担って行く決意を日々新たにしている。

しかし、日本の置かれている環境は余りに厳しく、平和を守ることはかつてない程困難になってきている。その理由は、我が国を取り巻く国際情勢が流動化し、先行きの不透明感が高まっていることにある。まずは国連の機能不全だ。安全保障理事会常任理事国であるロシアが２０１４年と２０２２年、二度にわたりウクライナを侵略し、いまだに激しい戦闘が続いている。同じく常任理事国の中国は香港の民主主義に終止符を打ち、台湾にあらゆる圧力をかけ、日本や東南アジア諸国、インドの領土の一部を歴史的経緯を顧みず我が物と言い張り、力による現状変更を試みている。国連が国際秩序を維持したり、紛争を解決したりすることはもはや期待できない。その中国とロシアはイランや北朝鮮などと連動し、これら反米専制主義国家に都合の良い新たな国際秩序を築こうとしている。

その一方で、圧倒的な軍事力と経済力をもって「世界の警察官」としての役割を果たしてきた米国はアフガニスタンからの撤退などに象徴されるように、その役割を縮小しつつあり、必然的に影響力も低下している。北大西洋条約機構（ＮＡＴＯ）を構成するイギリスやフランスなどの欧州主要国もかつての経済的・軍事的優位性に翳《かげ》りを見せており、ウクライナへの対応がこれを端的に表している。まさに、これまでの国際秩序は新たな挑戦に直面している。

日本の周辺に目を移してみよう。東西冷戦時代はソ連の動きを見ていればよかった。しかし現在は軍拡・近代化路線を猛スピードで進める中国が尖閣諸島など日本の南西地域への圧力を高める中、習近平国家主席は台湾有事の武力制圧も辞さないと明言している。そして台湾有事などの際には、ウクライナを侵略したロシアと急速に核・ミサイル技術を獲得している北朝鮮が何らかのかたちで連動し、日本は三正面での防衛を強いられる懸念が高まっている。その脅威は過去に類を見ない新たなフェーズに入ったと言ってもいい。このような状況下、我が国が平和を希求するだけでなく、現実のものとして「勝ち取る」ためにとるべき戦略、そして具体的な方策とは何なのか。安全保障政策の大きな岐路に立っている日本の政治は明確なビジョンを示さなければならない。そこで、元外交官や国防の第一線で指揮を長年執ってきた元自衛官・元防衛官僚、安全保障の専門家など、多様なプロフェッショナルと議論し、私の拙《つたな》い知見を大いに補完していただき、ビジョンとしてまとめたものがこの本である。

私のビジョンに底流している基本理念は、積極的平和主義であり、新たな国際秩序の構築にかける日本の強力なリーダーシップである。積極的平和主義とは、国家として国民の生命と財産、領土・領海・領空を確実に守り抜くため、世界の平和と安定に積極的に取り組んでいくことを意味する。ビジョンは、この理念を体現するための戦略的なアプローチである。戦後世界を分断した東西冷戦はソ連の財政破綻《はたん》を契機に終結した。その後、米欧主導のグローバリズムで世界が貿易で結ばれ、経済成長の果実を分け合うことで、紛争が比較的少ない時代が約20年続いた。

そうした時代は既存の国際秩序の転覆という野心を隠さない中国やロシアなどの国々の台頭によって終わりを告げた。日・米・欧と中・露・イラン・北朝鮮の分断に加えて、いわゆるグローバルサウスと呼ばれる新興国の台頭が状況を一層複雑化させている。現行の国際秩序が揺らいでいる今、日本が平和の一方的な受益者ではなく、従来とは異なるかたちで積極的に国際的な安全保障の枠組みに貢献していくことはまさに時代の要請なのだ。

ロシアによるウクライナ侵略によって食糧や戦略物資、資源、エネルギーなどのサプライチェーンが混乱を来《きた》した。そして我々は戦争のある世界では物資が不足し価格が高騰すること、悪意を持つ第三国に依存することが自国の弱みを晒し、人質に取られること、を改めて学んだ。これを契機に世界は自由貿易への期待を捨て、戦略的自立性を真剣に考え、自国で賄《まかな》えないものは信頼できるパートナーとのみ補完し合う新たなブロック経済のかたちを模索し始める。

ウクライナの戦争でとりわけ脆弱性《ぜいじゃくせい》を露呈したのが、米欧の防衛産業のサプライチェーンである。東西冷戦終結後、長期に及ぶ大規模な戦闘が想定されていなかったこともあり、防衛産業サプライチェーンは有事を想定した体制からは程遠く、その間隙《かんげき》を突かれた格好となった。その結果、西側諸国の軍事リソースはかつてないほどひっ迫した状況に陥っている。継戦能力がなければ、国家を守り抜く意志がどれだけ強固であっても抑止力にはならない。その綻《ほころ》びは、反米専制主義国家の力による一方的な現状変更を許し、最悪の状況を生み出しかねない。中国、ロシアだけでなくグローバルサウス諸国が興隆していく将来、日・米・欧を中心とした自由と民主主義と法の秩序を普遍的価値とする国家は世界の中で徐々にマイノリティになっていくであろう。未来の世界のパワーバランスを直視したうえで、「いかに価値観を共有する多国間連携を深化させると同時に、防衛産業のサプライチェーンを強化すべきか」を戦略的に考えることが求められているのである。

本書の第1章では、緊迫した国際情勢を踏まえた我が国の安全保障政策について整理する。そのうえで、私のビジョンである「インド太平洋戦略2・0」について説明するとともに、それを実現するために日本がインド太平洋の平和と安定に主体的に貢献する必要性に言及する。

続く第2章から第5章は、私の問題意識をもとに、安全保障のプロフェッショナルとの対話を座談会というかたちで記載した。従前より私のメンターとしてご指導をいただいていた日本最高峰の有識者の方々との意見交換を通じて、私のビジョンに厚みと磨きをかけていただいた。

第2章では我が国を取り巻く現下の安全保障環境が如何に厳しいか、その不都合な真実を整理しておきたい。まずは、習近平国家主席の公式発言から導きだす今の中国共産党の政策の方向性を考察する。そして、ロシアのウクライナ侵略において、中国・イラン・北朝鮮は連動してロシアの継戦能力を支えており、その結果、ロシアの軍需産業は米国を含むNATO全体に比べても優位性を確立しつつある。北朝鮮の砲弾やミサイルが、イランのミサイルやドローンが、ロシアのウクライナ攻撃に使用されており、イランに至ってはロシア軍の訓練に参画している報道もある。もし中国が尖閣諸島や台湾に武力侵攻した場合、日本は中国、ロシア、北朝鮮の少なくとも三正面に備えなければならない。

そのような緊迫した状況下、同盟国である米国の防衛産業は半導体などの先端技術分野と同様、サプライチェーンの綻びが見え始めている。もはや米国一国での国際秩序の維持は難しく、米国は同盟国の力にも依拠した「統合抑止」を国家安全保障戦略の要に位置付けている。日本をはじめとする自由と民主主義と法の秩序という価値を共有する勢力と、中国をはじめとする専制主義・修正主義的国家勢力のパワーバランスが拮抗《きっこう》に近づいている現実をお伝えする。

そして世界の多極化という文脈の中で同盟国・同志国・パートナー国との連携強化を進めた安倍政権の外交・防衛政策を改めて評価し、岸田政権下で結実した敵基地攻撃能力の保有を可能にする「国家安全保障戦略」など安保3文書の改定について有識者たちとの討議の中でどのように実現していくのかという示唆が示されている。

第3章と第4章では、ビジョンの柱である「インド太平洋戦略2・0」と、それを実現するための政策を提言している。「インド太平洋戦略2・0」は、政治生命を賭して「平和安全法制」、「特定秘密保護法」、「テロ等準備罪」など重要安全保障関連法案を可決させた安倍晋三元首相が提唱した「自由で開かれたインド太平洋（FOIP）」を、現下の脅威レベルに合わせてバージョンアップさせた安全保障戦略である。ここでは、防衛サプライチェーン補完体制の抜本強化や防衛装備品の共同開発・海外移転推進、防衛産業の強化を基軸とした強固な防衛パートナーシップの構築を提言している。また、これを日本政府として強力に推進するための新たな官民タスクフォースの新設や、同盟国、準同盟国、同志国、パートナー国などそれぞれの国情や国際政治での姿勢を踏まえた関係性などにも言及している。

第5章では、国際秩序とパワーバランスが揺れ動く激動の時代を我が国はどのように生き抜いていくべきか、そこで政治家が果たさなければいけない使命とは何なのか、そしてこれらのビジョンを国民の皆様にどのように伝えていくべきかについて論じている。脅威国が繰り出す情報戦や影響工作などに負けない政府の戦略的コミュニケーションが不可欠だ。メディアのフィルターを通ることで事の真意が伝わらない難しさや、政治家一人一人の発信力の限界のジレンマを乗り越えなければならない。安全保障政策が真に国民の皆様に理解されるために、今の時代にこそ求められる政治家の役割について、有識者の方々から厳しくも温かいご指摘をたくさんいただくことができた。

対談においては、角南篤・笹川平和財団理事長、島田和久・元防衛事務次官、平松賢司・元駐印大使、兼原信克・元国家安全保障局次長、前田匡史・国際協力銀行会

長、武居智久・元海上幕僚長、岩田清文・元陸上幕僚長、尾上定正・元空将、伊藤弘太郎・キヤノングローバル戦略研究所主任研究員という、卓越した9人のプロフェッショナルにご参加いただいた。各章のテーマに関して、豊富な経験と実績に裏付けられたお話をお聞きしながら、刺激的に意見を交わすことができた。政治の世界からはうかがいしれない示唆に富んだご意見をたくさん頂戴し、こうした知見は広く国民に共有すべきだと考え、紙幅の関係上一部の内容とはなってしまったが、4つの章ごとにまとめさせていただいた。私がこれまで考えてきた我が国の進むべき方向性を、ビジョンというかたちに昇華できたとすれば、このプロジェクトにご参加いただいた方々のご尽力の賜物である。この場をお借りして心から御礼を申し上げたい。

本著が我が国の安全保障・防衛政策の進化のための議論に一石を投じることができれば、それは私にとって望外の喜びである。

衆議院議員　和田義明

目次

第1章　なぜ、いま安全保障が重要なのか

第2章 日本を取り巻く現下の安全保障環境

第3章 日本の新たな外交指針
――「インド太平洋戦略2・0」に基づいたパートナーシップ強化――

目次

第4章 「インド太平洋戦略2・0」を支えるサプライチェーン型安全保障

第1章

なぜ、いま安全保障が重要なのか

(1)国際秩序の混沌と日本の覚悟

米国の首都・ワシントンDCにある連邦議会議事堂は、建国以来200年以上の間、米国そして世界の民主主義を象徴する建物として存在してきた。この議事堂で2024年4月、岸田文雄首相は米国の上下両院議員を前にして演説を行った。

「『自由と民主主義』という名の宇宙船で、日本は米国の仲間の船員であることを誇りに思う。共にデッキに立ち、任務に従事し、そして、成すべきことをする、その準備はできている」。「米国は独りではない、日本は米国と共にある」。

日米の「グローバル・パートナーシップ」と題して日米両国の新たな関係を訴えた30分にわたる演説は、分断が深まる超大国の与野党から称賛され、首相は米議員たちから総立ちの拍手を受けた。そしてこの演説はトランプ前大統領や一部共和党議員の反対で暗礁に乗り上げていた約610億ドル（約9・4兆円）規模のウクライナ支援法案の可決を後押しした。仮にこの支援法案が可決されなかったら、ウクライナは継戦能力を失い2024年末までに領土を失ったまま敗戦していただろう。その帰結はロシアによるポーランドやフィンランド、バルト三国などへの更なるエスカレーションを誘発していたかもしれない。また、米欧がロシアの「力による現状変更」を止める力がもはやないと足もとを見られ、中国による台湾の武力侵略のハードルを著しく下げていたかもしれない。

ジョー・バイデン大統領は岸田首相を異例の厚遇ぶりで迎えた。その背景には、米国の国際社会における影響力が後退すると同時に国際秩序を維持するコストへの忌避感が国内世論で強まり、これまで米国がインド太平洋地域で担ってきた軍事力に裏打ちされた秩序維持の補完を日本に求めたいとの思惑があった。こうした米国政府の意図は、昨年の米ワシントン郊外のキャンプ・デービッドでの日本と米国、韓国の３カ国によるサミットに続き、今回の訪米に合わせて初めて開催した日・米・フィリピンの首脳会談や、日米首脳の共同声明にオーストラリアとの協力を強化するイニシアチブなど複数国の連携で国際秩序を守る「統合抑止力」構築の試みが色濃く盛り込まれたことからも読み取れる。

日本側も、米国の外交政策における内向き志向が将来的にインド太平洋地域の安定を損なう事態につながらないよう、米国のこれまでの貢献を讃えて、また今後も世界が必要としていることを訴え、その分日本も「控えめな同盟国」から「外の世界に目を向け、強く関わる同盟国」として米国を支える意思を示した格好となった。逆にそうしなければ日米同盟を基軸とした日本の安全保障が維持できなくなるとの強い危機感に裏打ちされていたと考える。

首脳会談では、その具体的な検討項目を記した「ファクトシート」が公表された。全18ページのうち、最初の議題が「防衛・安全保障協力」であり、その記載は約3ページに及んだ。日米指揮統制能力の向上、AUKUS Tier-2（米英豪軍事同盟の原潜を除く防衛装備開発協力）への参画、防空ネットワークの強化、防衛産業協力の深化、同盟の整備補修能力の向上、日本のスタンドオフ能力構築などが明記されている。ここに日本がインド太平洋の「統合抑止力」において新たに果たすべき役割が明確になった。それは、日米同盟や同志国の安全保障サプライチェーンにおいて中核的な役割を担って行くということだ。

日本の安全保障政策は、1960年に日米同盟が締結されて以来、最大の転換点に立っている。戦後我が国は「国家国民を守り抜く」という国家の根幹を為す使命を長らく米国に依存してきた。日本は米国の拡大抑止、すなわち「核の傘」の下にある。そして日本国民は「米国に守ってもらう」という都合の良い部分だけを与えられた当然の権利として受け止めてきた。日本の現行憲法はGHQの日本を抑え込むという明確な意図に基づき、日本政府の権限を悉《ことごと》く弱体化させ、特に国防に関しては憲法で国防軍の設置も自衛権の保持も明記されなかった。朝鮮戦争の勃発《ぼっぱつ》や米ソ冷戦がエスカレートする過程で、米国の軍事的リソースの限界から警察予備隊が自衛隊へと進化し、人員や装備も一定程度拡充された。無論、防衛省・自衛隊はその間、限られた予算と人員で最大限練度を高め、「危険を顧みず、身をもって責務を完遂する」精神でこれまで国防の任に当たってきた。ある意味、日本の防衛は彼らの志と忍耐に過剰に依存してきたと断じざるを得ない。

しかし、米国の圧倒的な経済力と軍事力は、新興国の台頭などにより総体的に優位性が低下している。そして米国は強大な軍事力を背景に国際秩序を守るための財政的コストと兵士の犠牲を含む軍事的コストの負担感が増大し、米国民の間に厭戦《えんせん》機運が高まる。ベトナム戦争のときもそうだが、近年では２００１年９・11同時多発テロに端を発して２０１０年まで続いたアフガニスタンやイラクにおける対テロ戦争だ。米軍は大きな犠牲を払いながらもテロを完全に根絶することができなかった。２０１１年アサド大統領の民主派デモ弾圧で始まったシリア内戦では50万人以上が犠牲になった。しかし当時のオバマ大統領は「米国は世界の警察官ではない」とし、軍事介入を回避した。その間隙を突いてロシアがシリアに軍事介入した。更にはそのロシアが２

014年にクリミア半島を併合する。そのとき、ウクライナを守る「ブダペスト覚書」の当事者である米国とイギリスはウクライナを守ることができなかった。

2021年、バイデン大統領はアフガニスタンから米軍を完全撤退。同年後半からロシアによるウクライナ侵略の懸念が高まる中、バイデン大統領は仮にロシアがウクライナを侵略しても米軍は直接介入しないと発言。翌2022年2月にロシアはウクライナを侵略し、戦争は今日も続いている。米国やEU主要国などはウクライナ政府に巨額の支援を投じている。ロシアの侵略が始まってからの1年間だけで米国は約10兆円、EUは約5兆円、英国は約1兆円、ドイツは約0・9兆円、カナダが0・6兆円といった具合だ。日本も約1400億円と金額ベースで10位と巨額な支援をしている。この支援があるからこそウクライナは今日も戦い続けられる。しかし一方で、米国が世界の紛争への軍事介入に消極的になっていることと、米国を含むNATOの存在があってもロシアによるウクライナ侵略を抑止できなかったという事実は注視しなければならない。

加えて、ウクライナでの戦争は新たな事実を浮き彫りにした。それは、米欧の兵站《へいたん》や防衛産業のサプライチェーンが冷戦終結後、平時を前提とした脆弱なものになっており、有事の対応に困難を極めているという事実だ。特にウクライナとガザなど複数の紛争が同時に発生し、米欧や日本が防衛体制強化を迫られている状況下、継戦能力がなくなればロシアによる力による現状変更を許し、中国の台湾軍事侵攻のハードルを下げかねない。日本はこの窮状の挽回に積極的に貢献しなければ、日本自体を守ることすら難しくなる。

近年、米国の歴代大統領は日米安保条約を遵守《じゅんしゅ》し、尖閣諸島もその対象であり、引き続き日本は米国の拡大抑止の下にあることを累次にわたり明言しており、今回の日米首脳会談でもそれは明言されている。しかし、日本が米国の軍事力に守られ、唯々《ただただ》平和を享受する時代は完全に終焉《しゅうえん》を迎えている。自らの力で自らの国を守り、同盟の深化にあらゆる意味で貢献をしなければ日米同盟を維持することはできない。

２００９年に発足した民主党政権下では沖縄の基地問題や米軍再編など日米のさまざまな合意が覆され、尖閣周辺に於ける中国に対する姿勢も弱腰になり、米国の日本に対する信頼は失墜して日米同盟は過去最大の危機を迎えた。当時、尖閣諸島や南西方面を守る海上自衛隊に対しては、中国艦艇が近づいてきたら「阻止せよ」ではなく「後退せよ」という命令が官邸からでていたから耳を疑う。しかし、２０１２年に自民党が政権を奪還後、安倍首相が政権支持率を10ポイント以上失いながらも「平和安全法制」を可決して、集団的自衛権や在外邦人保護、重要影響事態や存立危機事態な

●日本の防衛関係費（当初予算）の推移

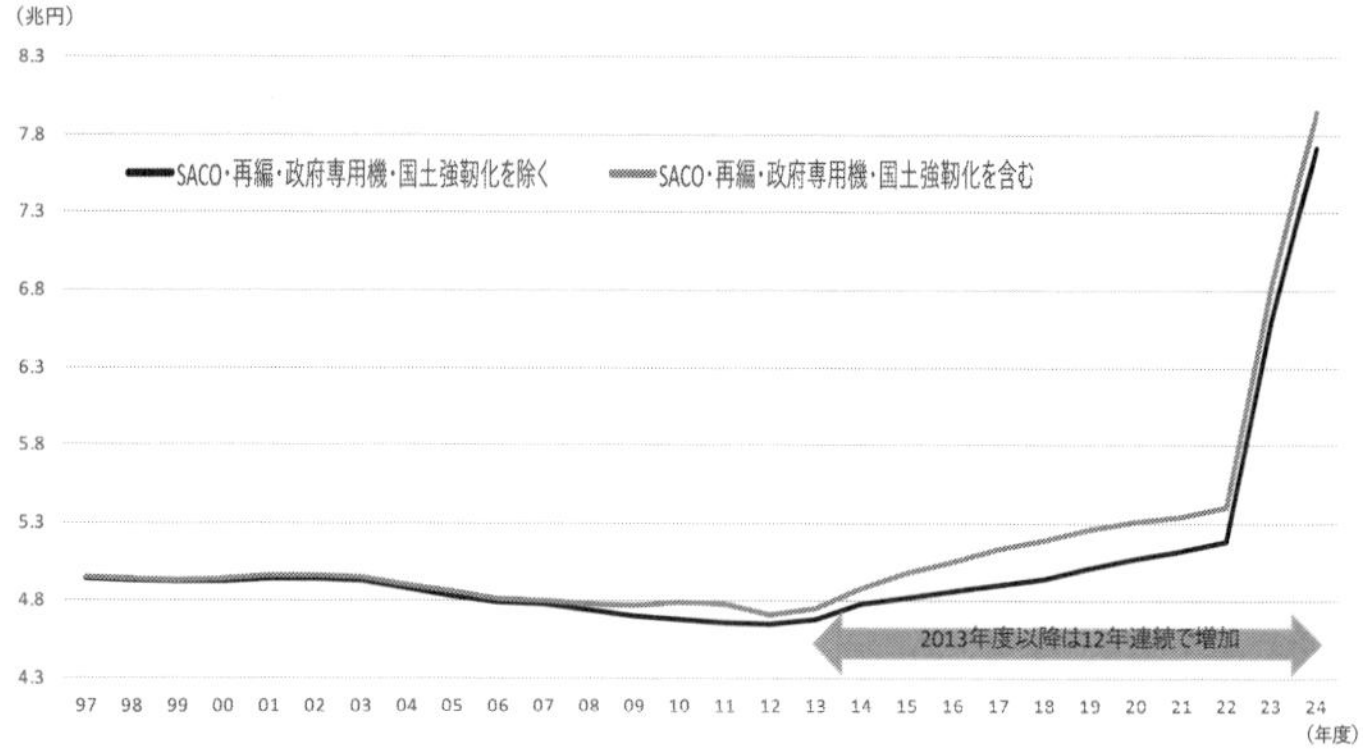

出所: 令和6年版防衛白書（https://www.mod.go.jp/j/press/wp/wp2024/pdf/R06zenpen.pdf）「防衛関係費（当初予算）推移」を基に作成

どへの対応が明記された。また、安倍政権下での特定秘密保護法、岸田政権下での重要経済安保情報保護活用法（セキュリティ・クリアランス法）によって、機微情報の取り扱いがG7諸国と同じスタンダードに近づいた。

２０２２年には安全保障３文書が策定され、防衛予算を２０２８年までに約倍増させることも決まり、真に国家国民を守り抜く防衛体制を構築する覚悟が示された。そして２０２３年は「防衛力抜本強化『元年』」と銘打たれた。この12年間は日本が主権国家として、あるべき姿の実現に向けて着実に歩みを進めた12年間であった。

これからはインド太平洋地域の秩序を

●日本周辺の安全保障環境

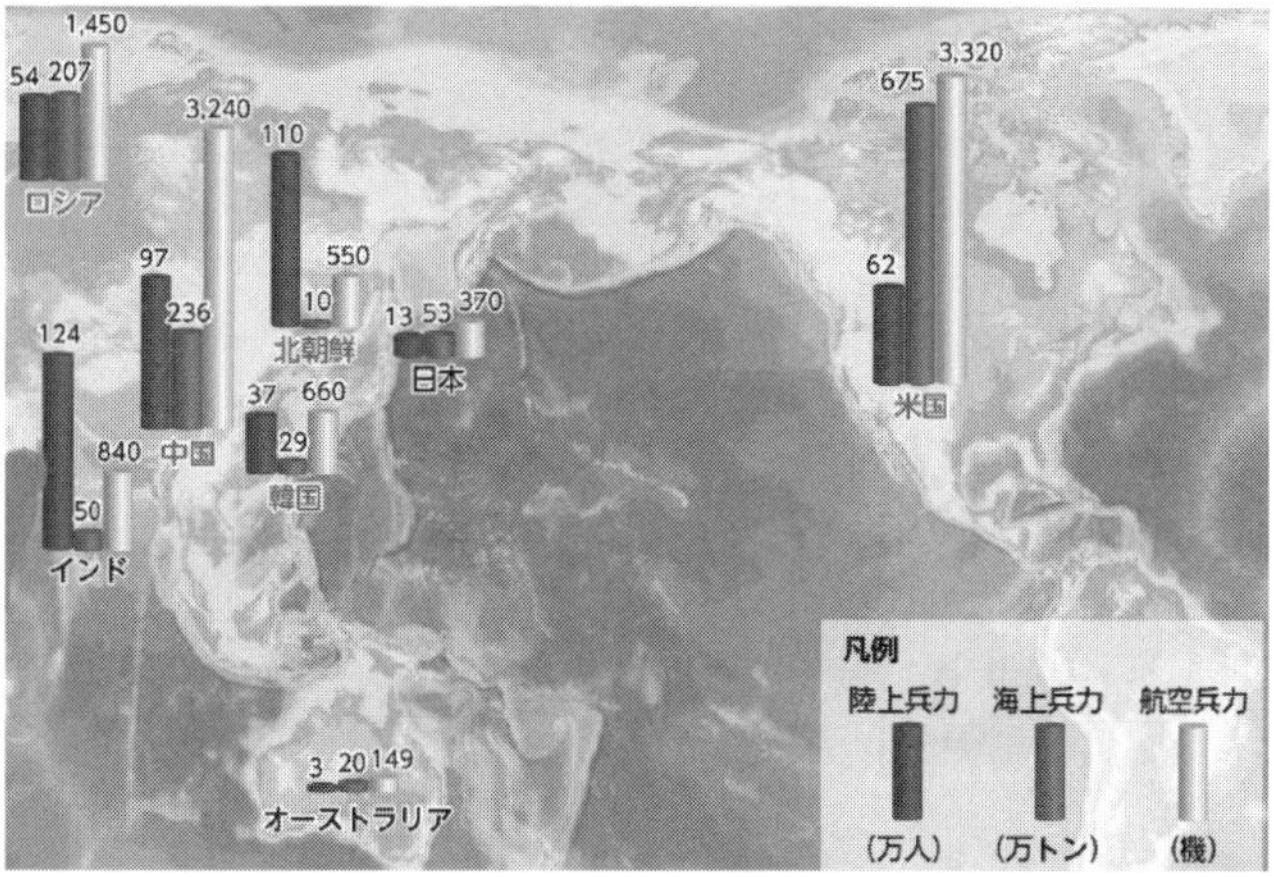

出所：令和6年版防衛白書（https://www.mod.go.jp/j/press/wp/wp2024/pdf/R06zenpen.pdf）
脚注：陸上兵力は万人、海上兵力は万トン未満で四捨五入

守るために、日本が主体的に日米同盟の兵站と防衛産業のサプライチェーンも補完して「統合抑止力」構築を実現しなければならない。そしてアジア唯一のG7メンバー国である日本こそがオーストラリアやインドなどの同志国との連携を深化させ、東南アジア諸国連合（ASEAN）などのインド太平洋諸国が自国を守れるようにするための支援を実践しなければならない。

(2)不都合な真実① 中国の本質と極東の戦力比較

日本は中国、ロシア、北朝鮮という脅威に隣接している。その中でも

●日本周辺における主な戦力の状況

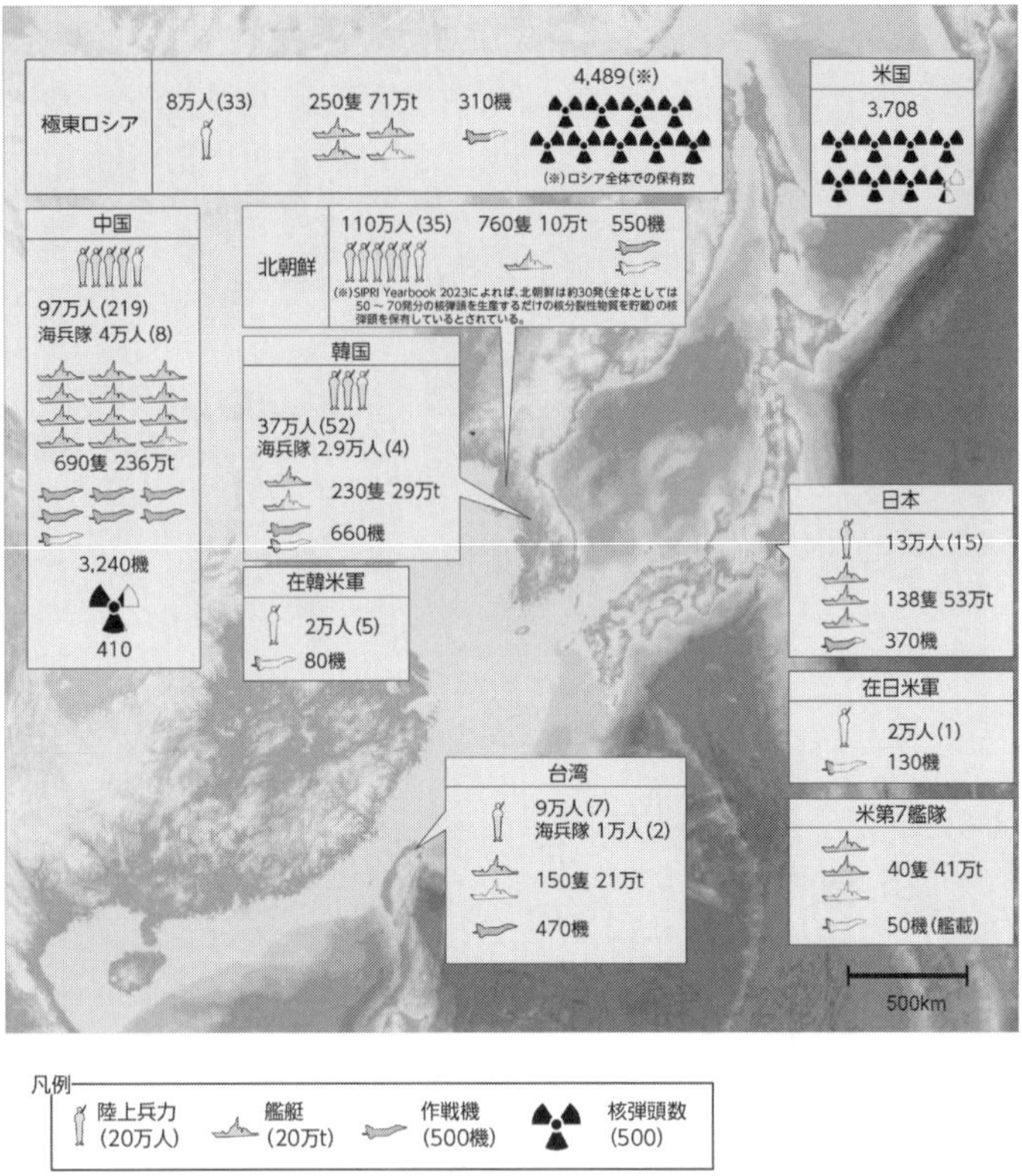

出所：令和6年版防衛白書（https://www.mod.go.jp/j/press/wp/wp2024/pdf/R06zenpen.pdf）
脚注：() 内は師団旅団など基幹部隊数の合計。北朝鮮については師団のみ。米第7艦隊は日本とグアムに前方展開している兵力。

最大の脅威は中国と言えるだろう。

　ソ連の崩壊により冷戦が終結し、それ以降の国際秩序は唯一の超大国となった米国が主導した。近年、急速に国力を増大させて米国に次ぐ経済的・軍事的影響力を有する大国となった中国が、既存の国際秩序の転覆を目論んでいることは誰も疑わぬことだ。我が国は中国がどのような国際秩序の構築を目的とし、その目的をどのような手段によって達成しようとしているのかを理解し、注視する必要がある。

　今から12年前の２０１２年11月、中国共産党のトップである国家主席の座に就いた習近平氏は、共産党大会で２０４９年の建国１００周年までに「中華民族の偉大な復興」という「中国の夢」を実現する目標を掲げた。これは１８４０年のアヘン戦争以降、列強の半植民地となった「屈辱の世紀」に耐えた中国を大国の地位に復帰させ、世界に冠たる国家として位置づけるというストーリーであり、中国民衆の共鳴を呼んだ。この夢の実現に向けて習氏は、「富国と強軍の統一を必ず堅持し、強固な国防と強大な軍隊の建設に努力しなければならない」と述べている。

　そして、強大な軍事力を背景に中国が復興を果たす象徴として強調したのが、台湾を念頭に置いた祖国の統一である。台湾とチベットを中国にとって絶対に譲ることのできない「核心的利益」と呼び、「いかなる外国も、われわれが『核心的利益』を取引するなどと期待すべきではなく、我が国の主権、安全、発展の利益が損なわれる結果を受け入れるなどと期待すべきでない」と主張した。こうした外交方針は対米外交にも反映され、核心的利益に関わる問題については強硬姿勢も辞さない方針へと転換した。

中国が目指す新たな国際秩序の姿について習氏が初めて世界に語ったのは、2015年9月に開催された国連総会一般討論における演説であった。習氏はその演説の中で、世界各国は一様に平等であるとして大国による小国に対する圧力や内政干渉を批判した。また国家間の安全保障関係については、対立を前提とした勝者総取り的な考え方から脱却し、同盟ではなく協議に根差したパートナーシップを築くことが、「国と国との新しい付き合いの道」と定義してみせた。更に「中国は引き続き発展途上国、とりわけアフリカ諸国が国際ガバナンス体系における代表性と発言権を強化できるよう支援する」と表明し、発展途上国と連携を強化して協力とウィン・ウィンを核心とした新たな国際秩序である「人類運命共同体」の絵姿を示した。

米国が主導してきた国際秩序を転覆する意思を隠さなくなった習近平政権は、米国との関係を急速に悪化させることになった。2017年1月に発足した米国のトランプ政権とは貿易をめぐって鋭く対立し、互いに追加関税を課し合う貿易戦争に陥った。香港での「カラー革命」を受け、反体制的な言動を取り締まる香港国家安全維持法の施行といった中国による香港での統制の強化は、民主主義に対する弾圧として米国の強い反発を招いた。

２０２１年3月にバイデン政権が発足してから米中間で初めてとなるハイレベル戦略対話が行われた際に中国側は「大多数の国は米国の価値を国際的な価値とは認めておらず、米国の言い分を国際世論とは認めておらず、少数の国が制定したルールを国際ルールとは認めていない」と述べ、米国が主導する既存の国際秩序を全面的に否定した。翌年11月の初めてとなる対面での首脳会談においては、習近平主席は「台湾問題は中国の核心的利益の中の核心であり、中米関係において越えてはならないレッドラインである」と明言し、台湾を中国から分裂させようとする者に対して「中国人民はみな必ず対抗する」と警告した。

中国による台湾侵攻の可能性について、米中央情報局（ＣＩＡ）長官や米インド太平洋軍司令官は、習近平主席が軍に対し、２０２７年に実行する準備を進めるよう指示していると証言している。２０２４年3月に開かれた全国人民代表大会では、過去最大の1兆６６５５億元（約34・8兆円）の国防予算が示された。他の予算は抑えられる一方、「国防などの予算は重点的に伸びを保障する」として昨年と同じ7・２％の伸びを維持。台湾有事を念頭に、経済の低迷にもかかわらず軍事に投資するとの政権の強い意志が見てとれよう。専制主義の国にとって命令は絶対である。軍幹部がＮＯと言うことは自らの失脚を意味し、最悪の場合は粛清の対象にもなり得ることを考えると、２０２７年までには軍が台湾侵攻の準備を整える可能性が高い。

台湾侵攻の準備が整った場合、次の焦点となるのがいつ侵攻するのかということだ。シナリオの一つが、米国がインド太平洋に展開している軍の活動領域を縮退したり、係争問題に非介入の態度を示したりするなどして、習近平主席が現状変更の好機が到来したと認めるときだ。二つ目のシナリオは拡大し続ける中国の軍事力が極東における日米のそれを上回り、習近平主席が「勝てる」と確信したときだ。そして三つ目のシナリオは、中国経済失速から生起する国民の不満をコントロールできなくなり、台湾統一で愛国心を煽《あお》るしか習近平体制を守る術がなくなったときである。先に示した戦力比較図にもある通り、極東における中国の軍事力は量ではすでに日本と在日米軍のそれを上回っており、ロシアの軍事力を中国に足し合わせると厳しい現実が見えてくる。質も含めた総合力で日米の抑止力を強化しなければ地域の平和と安定の維持は困難となるため、この客観的データを踏まえて日本が何をするべきか考えなくてはならない。

安倍元首相は2021年に台湾で開かれたシンポジウムで、中台関係について、「台湾有事は日本有事であり、日米同盟の有事でもある。この点の認識を習近平主席は断じて見誤るべきではない」と述べたうえで、中国側が軍事的手段を選ばないよう、自制を促す取り組みの必要性を訴えた。日本有事というワードを日米同盟の有事の前に置いた点からは、台湾と日本とは安全保障上切り離せない関係にあるという安倍氏の安全保障観と、有事になった際にたとえ米軍が支援に来なかったとしても日本は台湾に対して防衛上の支援をするというメッセージが読み取れるだろう。しかしその安倍氏は凶弾に倒れ、帰らぬ人となった。安倍氏亡き今、言葉に力のある政治家が数少なくなってしまったが、政治の責任として平時から「台湾有事はなぜ日本有事なのか」ということを国民に丁寧に説明し、得心してもらうことが重要だ。間違っても、日本政府が台湾に軍事的支援を行うと決断した際、国民から誤った認識に基づいた批判が出るようなことは避けなければならない。

(3)不都合な真実②　ロシアを支える中国・イラン・北朝鮮の反米同盟

ロシアがウクライナに侵攻した2022年2月24日、岸田文雄首相が出席していた参院予算委員会は異例の「休憩」措置となり、首相官邸では国家安全保障会議（NSC）が緊急招集された。会議で確認されたのは、主要7カ国（G7）諸国と歩調を合わせて対ロ制裁に踏み切る方針だった。その後、政府は金融制裁や半導体など汎用品の輸出に関する制裁、プーチン大統領の資産凍結など制裁の網を次々と広げていった。3月4日には、NSCで自衛隊の防弾ベストやヘルメットを無償提供する方針を決定。紛争当事国には防衛装備品の提供は禁じられているが、ウクライナは紛争当事国には当たらないという異例の判断だった。

この対応は、2014年にロシアがクリミアを一方的に併合したときの対応とはまったく違うものだった。当時の安倍晋三首相は、欧米とは歩調を合わせて一定の制裁に踏み込みつつも抑制的で、ロシアとの対話の窓口を閉ざすことはなかった。安倍氏がロシアのプーチン大統領との個人的な信頼関係を構築し、北方領土交渉の前進を目指していたこともあったが、制裁を強めた結果、ロシアが中国と強く結びつくことは何としても避けたかった事情もあった。安倍氏は、まず対峙しなければならないのは中国だという考えを強く持っており、ロシアと決定的に対立することで日本が中ロと同時に対峙する必要に迫られることを強く懸念していたのだ。

だが今回、岸田首相は、こうした従来の対ロ政策を大きく転換し、「決別」へと舵《かじ》を切った。その結果、ロシアは日本を「非友好的な国・地域」に指定し、日ロ交渉の中断を通告。そして中国への接近を強めた。

ウクライナ侵攻半年後の２０２２年8月、ロシア極東地域などで実施された大規模軍事演習「ボストーク２０２２」では、ウクライナでの戦争における陸上戦力の損耗が熾烈《しれつ》を極めていることから、海軍中心の演習とした。そしてこの年は中国が戦略演習に初めて海軍艦艇を参加させた。中国海軍の艦艇はロシア海軍の艦艇と日本海で実弾射撃を伴う訓練や、宗谷海峡を東進してオホーツク海に展開する航行などを実施した。

ちなみに、中国人民解放軍が初めて参加したのは、その前の極東軍事演習「ボストーク２０１８」である。ロシア軍はその前回となる２０１４年の2倍に相当する兵員30万人、装甲戦闘車両３万６０００両、航空機１０００機、艦艇80隻を極東に動員した。そこには中国人民解放軍の戦闘車両とともに陸上戦力３０００人が参加している。中ロの軍事的連携は着々と進んでいる。余談だが、日本はロシアとの戦争の蓋然性が低いと判断し、戦車を３００両にまで減らした。ボストークに参加した戦闘車両の１／１００の数であり、この判断には大きな疑問を感じる。

中ロの連携は軍事面にとどまらない。中国はこれまでも日本の「歴史問題」をめぐる対日批判を繰り返し展開して国際社会における日本のイメージ毀損《きそん》に精を出している。新たな動きとしては、本年着任した駐日ロシア大使は中国の下請けさながら、ロシアのメディアを中心に日本の軍国主義、日本の戦争犯罪、靖国神社への批判などについて中国と同じトーンで言及している。また、中国が日本批判を展開する際の根拠に位置づけてきた、村山富市元首相のいわゆる「村山談話」（1995年8月）をロシアが多く引用しはじめている。また、今年5月に開催されたロシアの対独戦勝記念行事に駐日中国大使が初めて参加しており、日本を念頭に置いた中ロの連帯強化の思惑が見られる。ロシアはウクライナ侵略に際して中国から大規模な支援を受けており、その支援抜きでは戦争継続不可能である。従って、ロシアは中国の意図に沿って中国と協調して日本批判を展開していると考えられる。

中国のみならず北朝鮮もロシアのウクライナ侵略を軍事面で側面支援している。北朝鮮がロシアに数百万発のミサイルや砲弾、弾薬を提供したとされる。今年6月にはプーチン大統領が平壌を訪問し、「包括戦略パートナーシップ」を締結。ロシアと北朝鮮の関係はかつてなく密接になっている。北朝鮮と中国は、国交樹立75年となる2024年を両国の「友好の年」と定め多様な行事を展開する、と新年に習近平国家主席と金正恩総書記が宣言した。更に言えば、イランはロシアにミサイル、ロケット弾、ドローンなどを提供し、派遣した軍事顧問団が使用法の指導やストライクパッケージの構築支援をしているとされる。ウクライナ侵略を契機に、中国・ロシア・北朝鮮・イランによる４カ国の連携が加速している。

ロバート・ゲイツ元米国国防長官は２０２３年９月に「米国は今、かつてないほど深刻な脅威に直面している。ロシア、中国、北朝鮮、イランという４カ国の敵対する同盟に直面したことは過去に一度もない」と発言した。確かにその通りであるが、果たして日本国内でこの不都合な真実がどこまで理解されているであろうか。

(4) ロシアのウクライナ侵略からの教訓

２０２２年2月、ロシアがウクライナへの本格的な軍事侵攻を開始した。３年目に入った今も、ウクライナ東部では激しい戦闘が繰り広げられ、終戦に向かう動きはまったく見えない。ロシアによるウクライナ侵略は、ウクライナの主権及び領土一体性を侵害し、武力の行使を禁ずる国際法と国連憲章の深刻な違反である。このような力による一方的な現状変更は、アジアを含む国際秩序全体の根幹を揺るがすものであることは論をまたない。

この戦争をきっかけにさまざまなものの価格が上昇し、日本で暮らす国民の生活にも大きな影響を与えたことは記憶に新しい。経済のグローバル化に伴い経済的な観点から国家の安全保障を確保する重要性が国民に広く知られる契機にもなったが、防衛の観点から得られる教訓についてここでは述べたい。

まず、戦争を誘発させる最大の要因が二国間の不均衡な力関係であるということは、古今東西の戦争の始まりを紐解けば自明である。ウクライナは1994年、核兵器を放棄する見返りに自国の安全を保障した「ブダペスト覚書」を米国とロシア、イギリスの3カ国と結んだ。ロシアによるウクライナ侵攻後、ブダペスト覚書の米側の当事者であったビル・クリントン元大統領が、「ウクライナが現在も核兵器を保持していればロシアが侵攻することはなかった」との認識を示したことはなんとも皮肉な話である。一方で、ウクライナがこの覚書を契機に、自国を守る決意やその決意を現実のものとするための軍事的な備えを怠っていたことも事実である。ウクライナの防衛力不足に起因したロシアに対する抑止力の欠如は、我が国がこの戦争から学ぶべき重要な教訓である。

防衛省が毎年発行している「防衛白書」の最新版では、「侵攻に対処する意思と能力をもつ同盟国との連携の重要性」についても言及がされている。これももう一つの教訓である。２０１４年、ロシアがウクライナ南部のクリミア半島に軍事侵攻し、一方的に併合した。ロシアの情報戦、サイバー攻撃、電子戦、非正規軍投入などの電撃的なハイブリッド戦によりクリミアは米英がなす術もなくロシアの手に落ちた。これは米英のトラウマになっただろう。以来、米国は多くの情報将校をウクライナに送り込み、ロシアの戦術を研究し、また情報収集分析能力を飛躍的に向上させた。イギリスやＮＡＴＯなどとも連携し、有事に備えた対策を徹底的に講じていた。こうした連携と準備が功を奏し、２０２２年2月、ロシアは当初数週間でキーウを陥落できると考えていたが、ウクライナは今現在もロシアの手に落ちていない。抑止力は今この瞬間にだけ発揮すれば良いものではなく、永続的に発揮し続けなければ国家国民を守れない。常に変化し続ける脅威に対して十分な抑止力を構築するよう、不断の努力と投資が不可欠となる。

　こうした教訓を踏まえて現行の我が国の防衛政策を鑑みると、私は一つの危機感を覚える。国家防衛は複層的になされなければいけない。日本で議論されている防衛政策が、「国土を戦場とすることを避けるために、日本から離れたところで敵を叩くために最大限の投資をする」という前提であり、これ自体は間違ってはいない。しかし、硬い守りが複層的にあり、最後の国土そのものの防衛が最も強固でなければ敵に日本の覚悟をみくびられるのではないか。防衛予算の最終的な決定権を持つ財務省において、有事は遠隔地や島嶼部《とうしょぶ》を想定しており、本土決戦やロシアの着上陸は「蓋然性が低い」との判断から戦車や火砲が大幅に削減されてきた。都市部における敵特殊部隊や敵国民による武装蜂起を想定した市街戦の想定も十分とは言えない。あらゆる戦い方に備えて重層的な防衛線を構築すること。そのための戦力の配備が今後ますます大事になってくるであろう。

(5)地球儀を俯瞰するからこそ生まれたFOIP構想

2016年8月、当時の安倍晋三首相はケニアのナイロビの地を踏んでいた。日本政府が主導してアフリカ諸国の首脳らとアフリカの開発について協議する「アフリカ開発会議（TICAD）」が、日本国内ではなく初めてアフリカで開催されることに合わせ、日本国を代表して基調講演を行うためであった。アフリカ53カ国の代表を前に臨んだこの講演で、安倍氏は「日本は、太平洋とインド洋、アジアとアフリカの合流点を、武力や強制によらない自由と法の支配、市場経済を重んじる場所に育て、繁栄させる責任を負っている」と述べ、「自由で開かれたインド太平洋（FOIP）」構想を初めて世界に披露した。インド太平洋は、アジア太平洋からインド洋を経て中東・アフリカにまで広がる広大な海域を指す。世界人口の半数を擁して世界の活力の中核ともいえるインド太平洋地域において、ルールに基づく国際秩序を構築し、自由貿易や航行の自由、法の支配といった地域の安定と繁栄を実現するうえで欠くことのできない原理・原則を定着させていく。これが、安倍氏が語ったＦＯＩＰ構想の要諦《ようてい》であった。

この構想に底流していた問題意識は、急速な中国の軍事的台頭であった。安倍氏の講演で中国への直接的な言及はなかったが、南シナ海などで国際法を無視した振る舞いを続け、自らと異なる主張の国に対しては高圧的な態度と言動で威嚇し続ける中国を念頭に置いていることは明らかであった。一方、当時の米欧は、日本ほど中国への対応の切迫感は持っていなかった。特に欧州では２０１３年11月に「ＥＵ・中国協力２０２０戦略計画」を打ち出し、貿易や投資の活性化、社会基盤整備における相互協力などの枠組み構築が提案され、２０１５年３月には英国を皮切りにドイツ、フランス、イタリアなどのＥＵ主要国が、中国が提唱したアジアインフラ投資銀行（ＡＩＩＢ）に相次いで参加するなど中国と経済面での蜜月関係を築いていた。そして同じ時期にドイツなどＥＵ主要国がロシアに石油や天然ガスなどの依存を高めていた。この時代にEUで蔓延《まんえん》していたリベラリズムと楽観主義の代償は極めて高かったと言わざるを得ない。

安倍氏が新たに持ち出した「インド太平洋」はインド洋と太平洋の両方にまたがる概念であり、「二つの海の交わり」というレンズを通してアジアそして世界を捉え直した点に斬新さがあった。インド洋と太平洋を並べると、その地理的な中心はインドや東南アジアであり、南シナ海となる。これらの地域では中国が既に多くの国々と領有権争いを繰り広げていたことから、インド太平洋という概念の確立は、台頭する中国を国際秩序における課題として浮かび上がらせ、各国の指導者に警鐘を鳴らすことにつながった。また、インドの重要性をいち早く認識し、民主主義という基本的価値を共有する立場から、将来中国がより強大になった際の地域の均衡を保つ役割を担う国となると見抜いていた点も安倍氏の慧眼《けいがん》であったと言えよう。

その後、安倍氏の予見は現実となり、中国による力を背景とした現状変更の試みが多発し、台湾統一には武力行使も辞さないと主張し始めた。こうした野心的な動きが顕在化、先鋭化するたびに、中国に対する世界の認識が少しずつ転換すると同時に、FOIP構想の重要性が認識され始め、これに基づき米国やインド、ASEANの各国各地域においてもインド太平洋地域におけるさまざまなイニシアチブが発表された。アフリカの地で日本の指導者が発信した一つのフレーズが、今では、世界の安全保障の重要な概念として定着している。

安倍氏のＦＯＩＰ構想発表から10年近くが過ぎ、インド太平洋地域の安全保障環境は残念ながら当時より一層厳しさを増している。中国の脅威が高まり続ける状況下、もはや米国を除き自国だけでその脅威に抵抗できる国はない。例えばＡＳＥＡＮ諸国であれば、自国を守るために何かしなければならないが、自国だけではなす術がないのが現状だ。インド太平洋地域の国々からの防衛協力や防衛交流の強化に関するニーズは年々高まっている。今日本に求められていることは、ＦＯＩＰの基本的理念を現下の激変する安全保障環境に対応したかたちにバージョンアップした「インド太平洋戦略２・０」を示すことである。

(6)インド太平洋は日本の「動脈」

日本は周囲を海に囲まれた海洋国であり、エネルギー、資源、食料、生活物資など多くのものを海外からの輸入に依存している。約２０００隻の船がパイプラインのように数珠《じゅず》つなぎになって日本と世界をつなぎ、日々我々の生活に必要なものを運んでいる。例えば中東から買い取った石油や天然ガスは船舶によって、ペルシャ湾からインド洋、そして太平洋へと出て、シンガポールのあるマラッカ海峡を通過し、ベトナムやフィリピンなどの南シナ海を航行して日本へとたどり着く。「オイルロード」と呼ばれるこの航路は片道約6500マイル（約1万2000km）で、約20日を要する長旅である。欧州から届く生活物資は欧州から大西洋を南下して南アフリカの希望峰を経て、オイルロードと同じ航路をたどり日本に向かう。平時であれば地中海からスエズ運河を経てオイルロードに入るが、イランやイエメンフーシ派による船舶への無差別攻撃を回避するために迂回《うかい》を強いられている。石炭も主にオーストラリアから船舶で運ばれており、フィリピン、台湾近海を通過して太平洋を縦断するように日本に向かう。

それでは中国の視点ではどうだろう。まず、なぜ中国にとって台湾が地政学的に重要なのか、左ページの地図を見ながら考えたい。

この地図は太平洋に自由に進出したい中国の視点から太平洋を眺めたものになる。普段私たちが見ている地図とは逆さまになっていることがおわかりいただけるだろう。この地図を眺めれば、中国から太平洋沖へと出ようとすると、目の前には沖縄や台湾、フィリピンが壁のように立ちはだかっていることが一目瞭然でわかる。中国

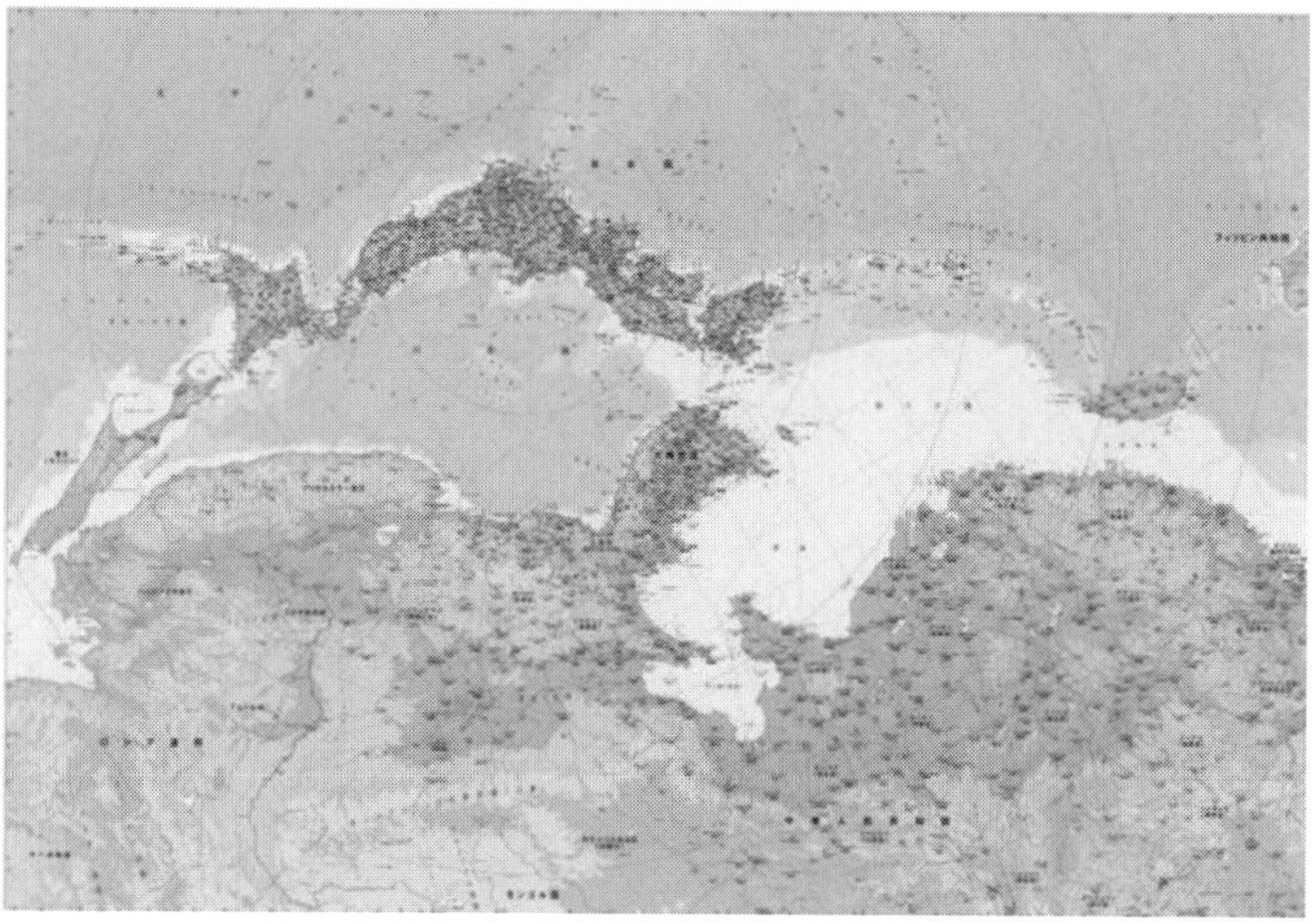

は、九州沖からこれらの国を線で結び、南シナ海に至るまでの勢力圏を確保するため、「第１列島線」と独自の軍事的防衛ラインを設定した。中国軍の活発な動きの背景には、第１列島線内の空域及び海域での持続的な優位性を確保し、更には第１列島線の外洋である小笠原諸島や太平洋のグアム、パプアニューギニアを結ぶ「第２列島線」まで進出する意図があるとみられている。

中国は何を目論んでいるのか？　２０１３年６月、訪米した習近平主席はオバマ大統領に「広大な太平洋には、中国と米国の両国を受け入れるだけの十分な空間がある」と提案する。いわゆる中国の「新型大国関係」構想だ。習近平主席は太平洋の覇権を中国が西側、米国が東側という具合に分割しようともちかけたのである。これが答えである。当然オバマ大統領はこれを一蹴した。ちなみに、10年経過した2023年6月、訪中したブリンケン国務長官に対して習近平主席は「広大な地球には、中国と米国の各自各々の発展、そして共同繁栄を受け入れるだけの完全な包容力がある」と語った。今度は地球規模の米中権益二分構想だ。想像力を膨らませるのは自由だが、日本が戦後80年の苦節を経て築き上げた民主主義と国際社会からの信頼を打ち捨てて、中国共産党の専制主義の軍門に下る選択肢はないと断言したい。

このような状況下、日本が直面するかもしれない台湾有事のシナリオとはどのようなものか？　これはあくまで仮定の話だが、例えば……

20XX年X月、金正恩主席が大規模軍事演習を実施すると発表し、38度線に向けて陸上戦力の集結を開始する。韓国は在韓米軍と共に北朝鮮軍の動きを注視し、北朝鮮が国境を越えてくる脅威に備える。念のため、在日米軍の一部も韓国に派遣して有事に備える。北朝鮮軍は大規模なミサイルや火砲の演習を行い、その一部が韓国の排他的経済水域にも着弾する。緊張が高まる中、韓国軍と在韓米軍はそこでピン留めされる。

●日本周辺海域における最近の中国軍などの主な活動

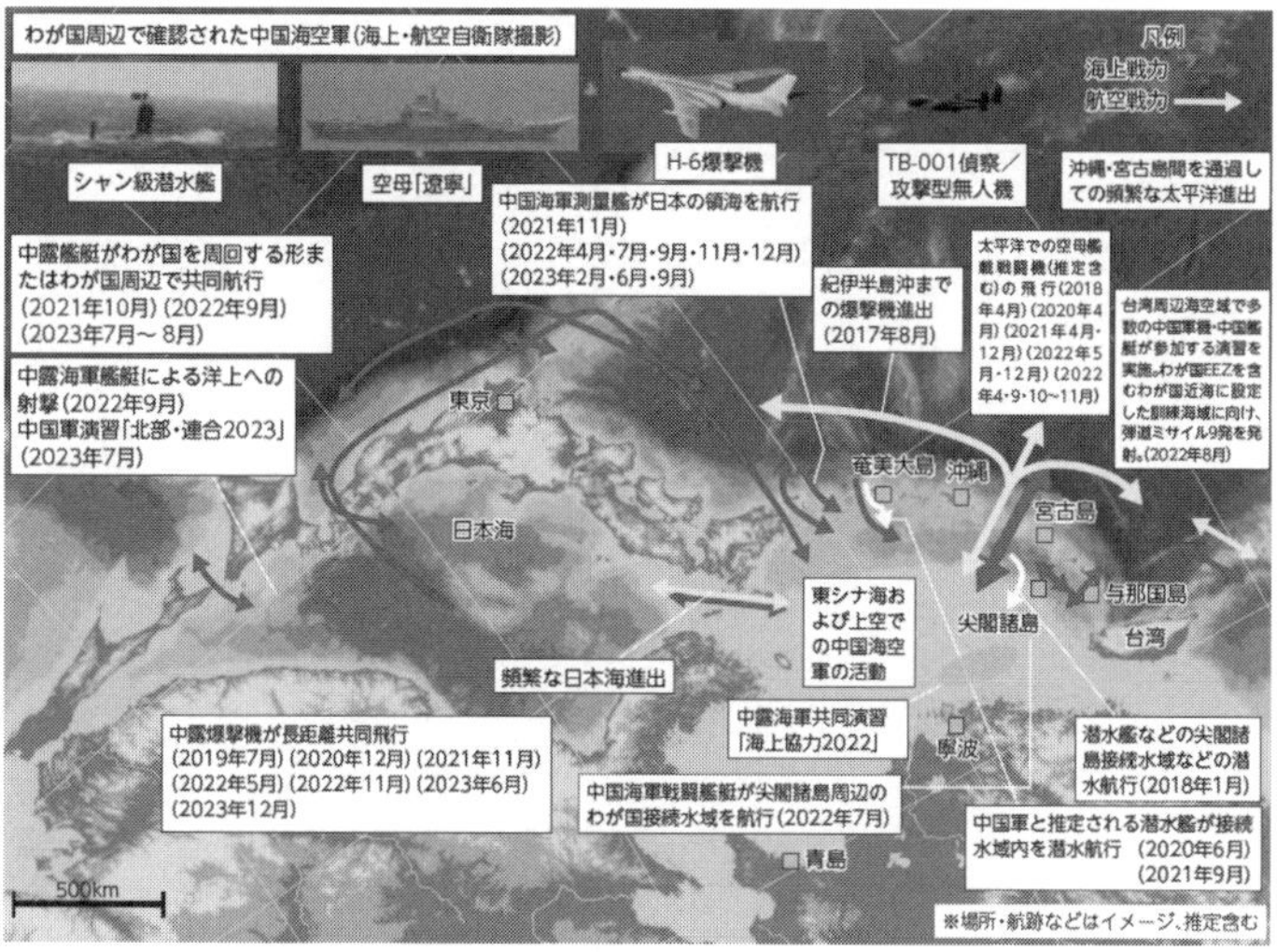

出所：令和6年版防衛白書（https://www.mod.go.jp/j/press/wp/wp2024/pdf/R06zenpen.pdf）

　そのような中、中国が台湾に対して大規模なサイバー攻撃や影響工作、破壊工作を行う。ネットニュースで偽情報が流れ、通信ネットワークに障害が発生し、都市部の発電所や鉄道、半導体工場などで原因不明の火災が発生する。これまで台湾沖24海里の外で活動していた中国海軍や海警の船舶が突如、台湾領海に侵入し、海上封鎖を行う。航空機も台湾に近づけず、島国の台湾は孤立してしまう。時が経つにつれて燃料や食料が不足しはじめる。ある時、中国がミサイルで台湾政府機関や軍関連施設を攻撃し、大規模な上陸作戦が実施される。

米国は台湾関係法に基づき台湾の防衛にコミットすることを決断。在日米軍が台湾の海上封鎖を解除するべく出動を準備。自衛隊も台湾有事が沖縄や先島諸島に波及するリスクに備えるべく北海道から1師団1旅団を南西方面に展開させる準備を開始。その矢先に、ロシアの極東艦隊所属の原子力潜水艦と駆逐艦が船隊を組んで、戦闘機、爆撃機の編隊と共に北海道と北東北沖の排他的経済水域（EEZ）を出たり入ったりしながら通過。サハリンの主要港周辺には陸上戦力が集結しており、軍の輸送船と民間フェリーが大挙して停泊しており、北海道への着上陸準備の可能性が排除できないとの情報も。

そのようなときに日本国内でも東京、大阪、名古屋、福岡、札幌で大規模なサイバー攻撃や重要インフラの火災が発生。尖閣諸島周辺では中国の漁船団が大挙して押し寄せてきた。民兵が重武装して搭乗しているとの情報もあり、海上保安庁が対応を試みるも制圧に苦戦しており、首相官邸は武力攻撃事態認定の検討に入る……といった、あくまで例えではあるが、こんなリスクシナリオにも備えておかなければならない。

隣国台湾には半導体の世界シェア5割を占める台湾積体電路製造（TSMC）があり、日本の製造業はTSMCの半導体に大きく依存している。コロナ禍では半導体不足で自動車や電子機器などの生産に大きな支障を来したのは記憶に新しい。米国やカナダからは小麦やコーン、肉類、果物、野菜などの食料も輸入されている。中南米からは鉱物資源も輸入されている。これらインド太平洋の航路は日本にとっては「動脈」である。動脈が物資を運び、我々日本人の暮らしや日本企業の事業が成り立っている。従ってインド太平洋の平和と安定が損なわれ、航行の自由が妨げられる事態が生じた場合、仮に日本に直接戦火が及ばなかったとしても我が国に壊滅的な損害をもたらすことが予想される。これは安倍元総理が「台湾有事は日本有事」と喝破した理由に直結する。

2024年6月には南シナ海のフィリピン領セカンドトーマス礁で中国海軍がフィリピン海軍を襲撃してフィリピン側に重傷者が出た。中国はフィリピンなどと領有権を争っている南シナ海の島や礁に一方的に基地を建設し、ミサイルを配備し、爆撃機が離着陸できる滑走路を造成している。中国が力による現状変更をサラミスライスのように着実に進めて行くことが想定される状況下、今後緊張が更に高まることはあっても下がることはないだろう。仮にここ南シナ海で武力衝突が起きても日本にとっての影響も大きい。これすなわち、「インド太平洋の有事は海洋国家日本の有事」なのである。インド太平洋の航行の自由を確保することが我が国の国家存立の根幹にかかわる死活問題であり、価値観を共有する同盟国・同志国と共に連携する安全保障戦略を考えていく必要がある。

(7)「FOIP 2.0」——基本的戦略の柱①　パートナーシップの「固」、「広」、「深」

戦争抑止の要諦は強固な防衛体制を以って相手の「戦意を挫《くじ》く」ことだ。そしてそのためには同じ志を持つ国が多く集まり、出来うる限りの貢献をしなければ強固な体制は構築できない。日米首脳会談で提起された「統合抑止」の概念は、防衛協力パートナーシップの「固」、「広」、「深」が必要となる。

①「固める」：

・日本の安全保障の基軸である日米同盟を常々盤石に固めなければならない。特に同盟の力の源泉である「拡大抑止」の揺らぎは断じて許されない。日本は第三国からの危機が想起される度に、また米国の大統領が替わる度に、日本のすべての領土が日米安全保障条約と拡大抑止の対象範囲にあることを米国と相互確認し、そこに揺らぎがないことを戦略的コミュニケーションで国際社会に知らしめる必要がある。

- 実質は準同盟国と言えるイギリスとオーストラリアの連携も更に固めなければならない。近年は円滑化協定（ＲＡＡ）も締結して実動訓練を重ねている。「インド太平洋の有事は日米英豪の有事」であることを、明確な筋道を立てて戦略的に発信し続けることと、共同で作戦を遂行する練度を高めることが不可欠だ。

②「広げる」：

- 統合抑止を実現するためには連携の輪を広げることが重要だ。国交のない台湾とはこれまで自衛隊と台湾軍の交流もなかったが、もはや建前はさておいて、有事を想定した連携のあり方を日米台で協議する時期に来ている。とりわけ、有事の際の人道支援や米軍の後方支援、在留邦人の安全確保と日本への避難などは喫緊の協議が求められる。
- ベトナム、マレーシアは中国と南シナ海で領土問題を抱えている。タイは米国、中国とも共同軍事演習を行っているが、近年中国との関係強化が顕著になってきている。いずれも日本との経済的な交流の歴史は長く、関係は良好だが、防衛協力は限定的である。経済関係で築いた信頼関係を礎にして防衛協力を進化させていかなければならない。

・北欧諸国やバルト三国などとも連携を広げてインド太平洋地域での演習を提案しつつ、日本が欧州でどのような貢献ができるか考えなくてはならない。近年、北欧の駐日武官も積極的にわれわれ自民党国会議員との情報交換を求めてくる。

③「深める」：

・日本、アメリカ、オーストラリア、インドの4カ国によるアジアの民主主義の弧としての協力枠組「Ｑｕａｄ（クアッド）」を実質の安全保障同盟にまで深化させるべきだと考える。インドはクアッド設立当初、参画そのものに消極的だった。しかしインド北部で国境紛争を抱える中国がインドの敵国であるパキスタンと連携を強化していることや、パキスタン、スリランカ、モルジブの港に中国海軍が拠点を構えたことから危機感を覚えており、クアッドの深化の潮時と考える。

・台湾から１００キロメートルしか離れていないフィリピンはアメリカの同盟国で

ある。南シナ海上では中国に執拗なハラスメントを受けており、対応に苦慮している。日本からはすでに海上保安庁の警備艇や練習機などを提供している。先般日本とのＲＡＡが締結された。今後物品役務提供相互協定（ＡＣＳＡ）や軍事情報包括保護協定（ＧＳＯＭＩＡ）などの締結が期待される。日本から航空警戒監視レーダーが供与されたことを契機に、防御の要となる地対空・地対艦ミサイルやフリゲート艦なども供与することができれば、フィリピンの防衛能力が向上し、台湾有事を含むインド太平洋有事の抑止力向上にも直結する。

- インドネシアは南シナ海で中国と領土問題を抱えており、日本とは合同演習も実施している。ＡＳＥＡＮの人口の４割を占める大国であり、インド太平洋の要衝であるが故にレーダーやフリゲート艦などの海軍警戒監視・防衛装備の移転を目指してインド太平洋の安定のために貢献してもらいたい。
- フランス、ドイツ、イタリア、スペインなどのＥＵ諸国やカナダ、ニュージーランドなどもインド太平洋の平和と安定に高い関心を持っており、共同訓練の一環で日本に艦艇や戦闘機を派遣した経緯もある。インド太平洋有事の際の立ち位置を徐々に明確にするよう、日本政府から確認すべきだと考える。
- お隣の韓国は尹政権になって日韓関係が大きく改善。日米韓首脳会談やＧＳＯＭ

ＩＡ再開など目に見える成果が出ている。韓国のクアッドなどへの参加も検討すべきだ。

(8)「FOIP 2.0」——基本的戦略の柱②サプライチェーン型安全保障

日米関係においては、アーミテージ元米国務副長官ら知日派の米有識者が4月の日米首脳会談前に発表した報告書「アーミテージ・ナイ・レポート２０２４」にて、日米の防衛産業と防衛技術での協力に重点を置く提言がなされている。同レポートではロシアによるウクライナ侵略の教訓を踏まえて「同盟国の強固な防衛産業基盤の重要性」を明示し、日本の防衛装備海外移転の更なる輸出緩和によって日米の連携が更に強化できるとしている。また、同盟間のサプライチェーン強靭化《きょうじんか》・効率化の重要性にも触れている。

その後の岸田文雄首相とバイデン米大統領との会談では、日米防衛産業協力・取得・維持整備定期協議〈ＤＩＣＡＳ＝ダイキャス〉が新設され、２０２４年6月に初回が開催された。ミサイルの共同生産、前方展開中の米海軍艦艇・空軍航空機の共同維持整備、サプライチェーン強靭化の機会の特定などを議論することで合意した。

こうした議論の背景には、ウクライナ戦争で露呈した防衛生産体制の脆弱さがある。米国を含むＮＡＴＯの防衛産業生産キャパシティが不足していたり、防衛産業における人材不足があったりして、有事で一気に増加した防衛装備の需要に供給が追いつかなかったのだ。２０２３年10月にはイスラエルとハマスの戦争も始まり、状況は更に悪化した。継戦能力が限界に到達し兵站が枯渇したらその時点で撤退を強いられる。それ以降は国家国民を守れなくなるということにもなりかねない。この上で台湾有事があったら、朝鮮半島有事があったら、と考えたときに、継戦能力の抜本強化が待ったなしの課題として日米で共有されたのだ。これから必要な装備の生産拠点を増やし、在庫も潤沢に持ち、保管場所はある程度分散して有事にそなえる体制を一歩一歩構築して行く。

これがＡＳＥＡＮなどのインド太平洋の発展途上国となると、そもそも財政負担能力が限られている。ＡＳＥＡＮの人口の４割を占める大国のインドネシアの防衛予算は約９３００億円、フィリピンが約６２００億円、マレーシアが約３８００億円と、日本の約６兆円に比して１／６から１／16の規模だ。ＡＳＥＡＮ某国の空軍は、軽戦闘機十数機しか保有しておらず、しかも部品不足で実際に飛べる機体は数機しかない。中国空軍の戦闘機には機体の性能も搭載兵器もパイロットの練度も劣っており、領空侵犯されてもスクランブルすらかけられないのが実情だ。

我が国はASEANの国々などインド太平洋の発展途上国にどのような支援ができるであろうか。2023年12月、日本は南シナ海を一望するフィリピン空軍ワレス空軍基地に三菱電機の防空レーダーを供与した。防衛装備海外移転の第一号案件である。このレーダーの運用は、横須賀の防衛大学校に留学したフィリピン空軍の女性将校が担う。これまでフィリピンは、中国が力による現状変更を試みる南シナ海上空で、どこの国の航空機がどこを飛んでいるのか把握できていなかった。ミサイルが上空を通過しても把握する術がなかった。しかし、今はスクリーンを通してクリアに見える。もし、レーダーだけではなく防空用の地対空ミサイルが供与できたら、空からの脅威を牽制《けんせい》できる。もし、沿岸警備レーダーと地対艦ミサイルが供与できたら、洋上の脅威を牽制できる。防衛装備の移転はその国の守りの体制を根本的に進化させる力がある。

しかし、フィリピンの防衛装備移転第一号案件が成功を収めるまでには幾多の失敗があった。オーストラリア向け潜水艦、インド向け救難飛行艇、イギリス向け輸送船など、民主導で、官が支援を行い、多額の投資や労力を賭して挑戦をしたが、成功には至らなかった。私は、これまでの最大の敗因は首相のトップセールスの欠如にあったと考える。防衛装備の二国間取引の多くは首脳会談などのトップ外交で決まるのが世界の常識だ。国家の存亡をゆだねる防衛装備だからこそ、それに値する相手を決める際には両国の覚悟と信頼関係が問われる。この反省を活かすためには、政府内の極めて高いレベル、すなわち首相をトップとして、内閣官房に総理特命のタスクフォースを設置し、装備品移転のプロジェクトを政府主導で進めることが肝要である。タスクフォースには防衛省や防衛装備庁、外務省、財務省、経済産業省、金融庁、国家安全保障局（NSS）などの関係省庁が参加するほか、防衛産業のメーカーや金融機関、商社などの民間関係者にも参加を呼び掛ける必要がある。首相の強力なリーダーシップの下、防衛省を筆頭にして省庁間、官民のチームワークを最大化することが勝利の方程式だ。

また、我が国は世界トップクラスの技術力を持っているが、人材不足がネックとなり、生産能力を短期間に大幅に向上させるのは容易ではない。とは言え、日本の防衛産業はこれからもっと強固にならなくてはならない。幸い、ASEAN諸国やインドの人材の量と質の伸びしろは日本の人材不足を補完する絶好のチャンスだ。日本は、日本の技術力で対象国の人材を育成し、現地でものづくりをすることで安全保障と経済の両方において貢献することが極めて合理的な道ではないだろうか。

　2023年9月に訪問したインドネシアの海軍工廠《こうしょう》PT PAL社は戦後間もなく三井造船（艦艇事業を三菱重工業に売却）の技術支援で産声を上げ、以来インドネシア海軍の艦艇を製造し続けている。しかし、近年同社に技術協力をしているのはドイツや韓国だ。インドネシア人だが広島大学卒で親日家の同社社長は広島弁で「再び日本の力を貸してほしい」と日本への期待を滲《にじ》ませる。造船技術はまだ日本に一日の長がある。しかし広大で行き届いた造船所を見て同行した日本の造船会社の方は「うらやましい」とつぶやいた。現在日本はインドネシア向けに艦艇の売り込みを検討している。日本の造船メーカーがPT PAL社で現地組立ができれば、より高性能な艦艇でインドネシアの領海を守ることができる上に、雇用を創出し、高い技術力を身につけた人材が育成できる。そして他のASEANの国々への輸出も夢ではない。

　2024年1月、インド下院の安全保障委員長を表敬して意見交換を行った。それに先立ち、駐日インド大使館関係者から日本の戦車のエンジンに関心があるとの相談があった。私はその関係者を地元選挙区で開催されていた戦車実弾射撃競技会に伴い、10式、90式戦車のパフォーマンスを見てもらった。インドは老朽化したロシア製戦車約2000台を近々更新する。日本のディーゼルエンジンは標高の高い場所でも高いパフォーマンスを発揮する。エンジンのみならず戦車のパワートレインやアンダーボディの技術もインドに提供できないか、可能性を模索している。安全保障委員長に対しては、印中国境でインドがより確実に国境線を守れるよう応援したいとのメッセージを伝えた。

２０２４年6月に訪問したフィリピンのスービックベイ海軍基地に隣接して経営破綻した韓国メーカーの造船所がある。空母も収容可能な大規模な造船所がドゥテルテ政権のときに中国企業に落札されそうになった。それをアメリカのサーベラスというファンドが落札し、現在はその一部を韓国現代重工の洋上風力部門が取得した。ただ、使用されているのはほんの一部だ。ここで日本の技術で艦艇を建造してフィリピン海軍の強化を支援することもインド太平洋の安定への貢献となる。

これまでの日本の国際貢献は、途上国などに対する政府開発援助（ＯＤＡ）や円借《えんしゃっ》款《かん》を中心とする民生協力に徹してきた。日本は戦後、１９０カ国・地域に対して様々な支援を行い、２０２２年の実績は、米国、ドイツに次ぐ第3位であり、国際社会で責任のある国としての役割を果たしてきた。２０２４年に70年の節目を迎える開発協力は、支援国との良好な二国間関係の構築や、国際社会における日本への信頼の向上にも大きく寄与したことを疑う余地はない。その地道な取り組みによって日本は、国連安全保障理事会の非常任理事国に加盟国の中で最多の12回にわたり選出され、国際機関における選挙において、支援国を含む世界の国々から多大な支持を得てきた。

日本の経済支援の甲斐もあり発展途上国の多くは着実に発展の歩みを進めてきた。そして発展と共にインフラ整備などの支援が以前ほどは社会的インパクトを残さなくなってきた。これはすなわち外交のカードとして効力を失いつつあるということだ。真に支援を必要とする国・地域にはODAを継続しつつ、よりパワフルな外交のカードとなる政策として、力による現状変更を抑止して、特にインド太平洋地域における平和と安定を確保し、我が国にとって望ましい安全保障環境を創出するため、2024年に政府安全保障能力強化支援（OSA）という枠組みが作られた。

OSAは同志国の安全保障上の能力・抑止力の向上を目的とした装備品や物資の提供、インフラ整備などの支援だ。防衛装備そのものでも、共同開発や現地生産の一助になる工業インフラでも良い。我が国は対象国の防衛体制が強化され、脅威国のその周辺地域が安定することで恩恵を受ける。「インド太平洋有事は日本有事」を合言葉に、その有事をなんとしても抑止するべく、官民で連携してOSAも活用しながらインド太平洋の国々への安全保障能力構築の支援を力強く進めて行きたい。

⑼日本はインド太平洋の「平和の旗手」として貢献せよ

インドネシア、フィリピン、ベトナムなどのＡＳＥＡＮの海洋国家は、日本、インド、スリランカなどの国々と同様、安全保障と経済の観点からインド太平洋の平和と安定が死活的に重要であると認識している。中国が南シナ海を中心に他国の島や礁を自分の物と言い張り、沿岸警備隊や海軍同士が衝突し、ときには礁に一方的に人工島を建設して基地化している事実は決して受け入れられるものではない。みな一様に中国の力による現状変更の試みに嫌悪感を覚え、危機感を募らせている。

ＡＳＥＡＮ諸国の中では対米・対中姿勢はまちまちだ。例えばフィリピンとベトナムは共に南シナ海で中国と衝突を繰り返している。フィリピンは米国の同盟国で米国寄りの旗色が鮮明だ。ベトナムは対中国政策について「経済ではつながり、安全保障では排除する」という強《したた》かで実利的な外交政策を取っている。一方、同じく南シナ海で中国の脅威に晒されているインドネシアやマレーシアは反中国色を露骨には出さない。そもそもＡＳＥＡＮ諸国は有事の際に中国に対抗し得る軍事力を保有していない。日本と在日米軍を併せても防衛装備の物量的には中国人民解放軍の方が優勢なのだから推して知るべしだ。何かあっても正面からことを構えることが事実上できず、

●「米国よりも中国を選ぶ」との回答が2024年に初めて多数に

シンガポールの機関によるASEANの
研究者・政府当局者2000人調査結果より

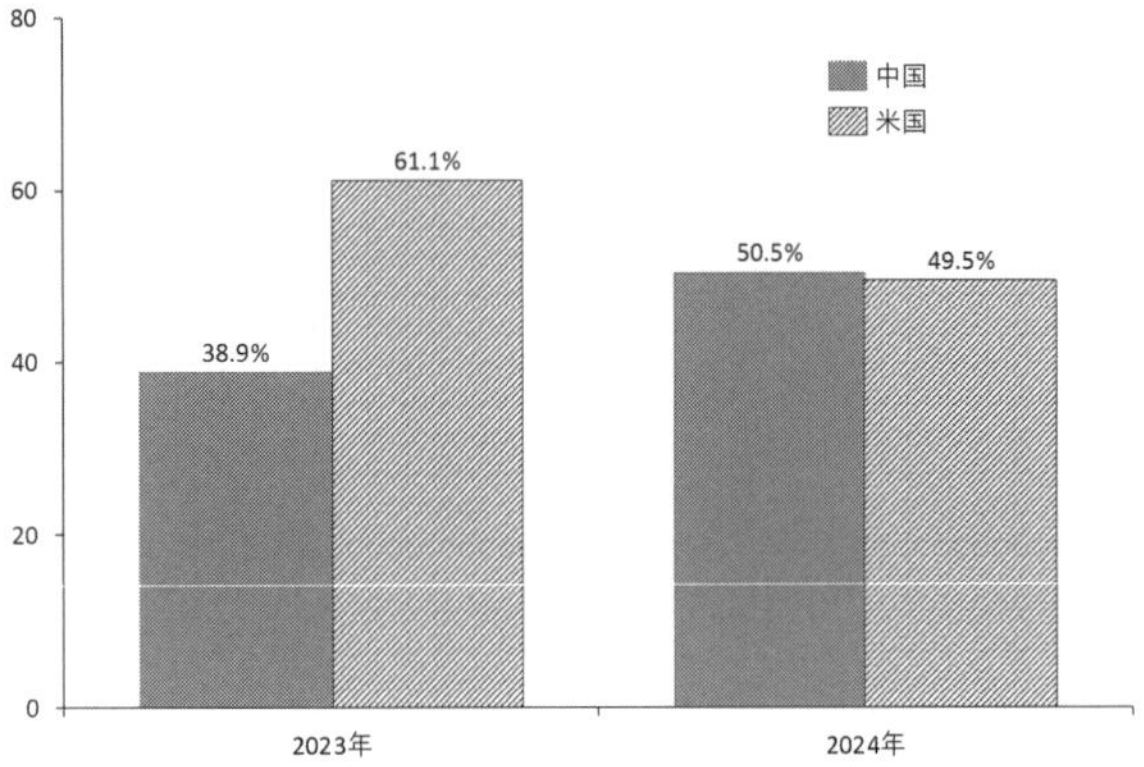

出所：シンガポールのISEAS ＝ユソフ・イシャク研究所“THE STATE OF SOUTHEAST ASIA 2024 SURVEY REPORT ”（https://www.iseas.edu.sg/wp-content/uploads/2024/03/The-State-of-SEA-2024.pdf）を基に作成

手を出せないのが現状だ。しかしインド太平洋地域において、中国が軍事力・経済力で追随を許さない一強となり、覇権を握ることだけは何としても避けたいのがインド太平洋の国々の本音だ。

そのような中国のＡＳＥＡＮに於ける存在感は日に日に増している。まず、中国の政治リーダーは頻繁にＡＳＥＡＮを訪れ、聞こえの良い外交政策や経済的支援などを発表する。そして中国資本が参入した現地の新聞社やテレビ局が中国のプロパガンダをそのまま垂れ流す。

特に中国は近年、中国もロシアもＡＳＥＡＮも、「我々は米欧の利己主義の犠牲者」だ、というプロパガンダを発信し続けており、残念ながらこの考え方が広く浸透しつつある。米欧の政治リーダーのＡＳＥＡＮ訪問の頻度もメッセージの質も中国のそれには遠く及ばず、中国の自分勝手な言い分が浸透するばかりだ。

加えて、現在ＡＳＥＡＮの中で反米感情が強くなっている。それはイスラム教徒の多いインドネシア、マレーシア、ブルネイなどではイスラエルがガザ地区を攻撃して夥《おびただ》しい民間人の犠牲が生じており、アメリカがこれを許容していることへの怒りが強い反米感情を生んでいる。ＡＳＥＡＮ諸国は中国の本質とリスクを一定程度理解しているので、中国による「一帯一路」や「ＡＩＩＢ」が良いとは思っていない。しかし世界銀行や国際通貨基金（ＩＭＦ）による恩と価値観のお仕着せと比べたら、まんざら悪くない選択肢と受け止められていることも残念ながら事実だ。

このような状況下、ＡＳＥＡＮ諸国は日本に何を期待するのか？　その端的な答えは日本がインド太平洋の「平和の旗手」として地域の平和と安定のルール作りと実践に主体的に貢献し、良識の基軸として「インド太平洋戦略２・０」のリーダーシップを振るうことである。中国の覇権を許さず、アジアにおいて日本と中国との「二強体制」とすることだ。

そのようなリーダーシップを振るうためには何をするべきか？　中国との対話の言語は「力」である。中国はハードパワーを持たない国とは対等に対話をしない。日米同盟の抑止力を外交のカードとして全面に押し出しながらも、日本が主体的に「インド太平洋戦略2・0」のリーダーシップを振るう明確な「意志」と「覚悟」が不可欠である。インド太平洋諸国からアメリカの言いなりや受け売りと誤解曲解されてはならない。

例えば、2024年6月に、フィリピンのセカンド・トーマス礁でフィリピンの補給船に中国船が接触する事故が起きた。このような乱暴な事態が再び生起した場合、日本は官房長官や外務大臣が間髪《かんはつ》入れずに中国を批判し、フィリピンへの連帯を表明しなければならない。そしてその都度、海上保安や海軍の能力向上に資するハードとソフトの支援を表明し続けることが大切だ。「インド太平洋有事は日本有事」との主張も繰り返し発信しなければならない。加えて、安全保障以外の発信も重要になる。日本の政治リーダーがフィリピンに行けない場合は、代わりに駐マニラ日本大使がフィリピンの社会問題である食糧不足や子どもの発育障害問題、デング熱その他の伝染病対策などを打ち出し続ける。フィリピン国民に対して「あなたは日本にとって大切な存在だ」と語りかけるのだ。日本の存在が常にインド太平洋諸国から明確に「見える」ように周知され、その結果日本との「つながり」が当該国の国民の間で実感できて、そして「共感」を呼ぶ状態にあることが肝要である。相手国に如何に見せるかという攻めの広報戦略を展開する必要がある。

国際政治も所詮は生身の人間同士の話し合いだ。さまざまな機会に触れ合うＡＳＥＡＮの若手政治リーダー達からの生の声は実に示唆に富んでいる。「日本の政治リーダーにはもっとＡＳＥＡＮを訪れて、日本の政策やＡＳＥＡＮへの提案を発信してほしい」、「食やアニメなどの文化をもっと活用して、そのソフトパワーで国民の心を摑んでほしい」、「韓国と揉めている場合ではない。日韓で力を合わせて中国の対抗軸となってほしい」、「日米同盟強化やＡＵＫＵＳ参画も良いが、ＡＳＥＡＮをもっと見てほしい」、「ミャンマーの人権問題などにも貢献してほしい」などなど、日本外交の飛躍に向けた大きなヒントがかくれている。私は何ら躊躇《ちゅうちょ》することなく、世界に出て行き、一人でも多くの政治リーダーとの人間関係を構築して、「インド太平洋戦略２・０」を前に進めるべく力を尽くして行きたい。

次章以降の座談会において、私のメンター陣である防衛・外交の専門家の方々と、「インド太平洋戦略２・０」と「サプライチェーン型安全保障」を軸とした新しい安全保障戦略のあり方を議論し、整理していく。

第2章 日本を取り巻く現下の安全保障環境

座談会に出席した専門家のプロフィール

角南篤（すなみ あつし）

ジョージタウン大学School of Foreign Serviceを卒業後、1989年に株式会社野村総合研究所に入所。政策研究部研究員を務める。コロンビア大学国際関係・行政大学院にて国際関係学修士号を取得。その後、英国サセックス大学科学政策研究所（SPRU）TAGSフェローを経て、コロンビア大学政治学博士号（Ph.D.）取得。2001年から2003年まで独立行政法人経済産業研究所フェロー。政策研究大学院大学教授、副学長、学長特別補佐を歴任。内閣府参与（科学技術・イノベーション政策担当）を経て、現在、笹川平和財団理事長。その他、文部科学省科学技術・学術審議会委員、外務省科学技術外交推進会議委員、内閣府総合科学技術・イノベーション会議基本計画専門調査会委員なども務めた。

兼原 信克（かねはら のぶかつ）……………………

東京大学法学部を卒業後、１９８１年に外務省に入省。条約局法規課長（現国際法課長）、北米局日米安全保障条約課長、総合外交政策局総務課長、欧州局参事官、国際法局長などを歴任。国外では、欧州連合、国際連合、米国、韓国の大使館や政府代表部に勤務。２０１２年発足の第二次安倍政権で内閣官房副長官補（外政担当）、国家安全保障局次長も務める。２０１９年に退官。２０１５年、仏政府よりレジオンドヌール勲章を受勲。現在は、同志社大学特別客員教授、笹川平和財団常務理事。著書に、『日本の対中大戦略』（ＰＨＰ新書、２０２１年）、共著に、『国難に立ち向かう新国防論』（ビジネス社、２０２２年）などがある。

平松 賢司（ひらまつ けんじ）……………………

京都大学法学部を卒業後、１９７９年に外務省に入省。アジア大洋州局南東アジア第二課長、同局北東アジア課長、中南米局審議官兼経済局審議官、地球規模課題審議官、総合外交政策局長などを歴任。国外では、在米日本国大使館公使兼ハーバード大学研究員、在英国日本国大使館総括公使兼在ロンドン総領事館総領事を務める。駐インド特命全権大使兼

駐ブータン特命全権大使、駐スペイン特命全権大使を経て、２０２２年に退官。現在は、日本総合研究所国際戦略研究所理事長。

島田 和久（しまだ かずひさ）……………………………………

元防衛事務次官。慶應義塾大学法学部卒業後、１９８５年に防衛庁（現防衛省）入庁。防衛政策局調査課長、同防衛計画課長、同防衛政策課長、大臣官房審議官などを歴任。首相官邸では、内閣参事官（安全保障・危機管理担当）、第2次安倍政権で２０１２年から２０１９年まで安倍首相秘書官を務める。防衛大臣官房長を経て防衛事務次官に就任。２０２２年に退官。その後、防衛省顧問、防衛大臣政策参与、内閣官房参与（防衛政策担当）も務めた。現在、東京大学公共政策大学院客員教授、全国防衛協会連合会理事長、日本戦略研究フォーラム副会長、防衛省 防衛力の抜本的強化に関する有識者会議委員などを務める。著書に『日本の防衛法制』（内外出版、２００８年）などがある。

前田 匡史（まえだ ただし）……………………………………

国際協力銀行（ＪＢＩＣ）元総裁。東京大学法学部を卒業後、１９８２年に日本輸出入銀行（現国際協力銀行）入行。ワシントン駐在、資源

金融部長、国際経営企画部長などを経て２０１８年に代表取締役総裁に就任。２０２２年より取締役会長。２０１０年及び２０２２年より内閣官房参与を務め、新成長戦略、インフラ輸出、海外投資支援などに関するアドバイザーとして活躍。２０１４年から２０１７年まで英国ＩＩＳＳで評議委員を務めた。著書に、『国家・ファンド』（ＰＨＰ研究所、２００９年）、『いまこそ、「不屈の日本」を信じるとき』（ワック、２０１１年）などがある。

岩田 清文（いわた きよふみ）……………………

元陸将、陸上幕僚長。防衛大学校（電気工学）を卒業後、１９７９年に陸上自衛隊に入隊。戦車部隊勤務などを経て、米陸軍指揮幕僚大学（カンザス州）にて学ぶ。第71戦車連隊長、陸上幕僚監部人事部長、第７師団長、統合幕僚副長、北部方面総監などを経て２０１３年に第34代陸上幕僚長に就任。２０１６年に退官。現在、企業アドバイザーを務める。著書に『中国、日本侵攻のリアル』（飛鳥新社、２０１９年）、共著に『自衛隊最高幹部が語る 台湾有事』（新潮新書、２０２２年）、『自衛隊最高幹部が語る 令和の国防』（新潮新書、２０２１年）、『君たち、中国に勝てるのか』（産経新聞出版、２０２３年）などがある。

武居 智久（たけい ともひさ）……………

元海将。防衛大学校（電気工学）を卒業後、1979年に海上自衛隊に入隊。筑波大学大学院地域研究研究科卒（地域研究学修士）、米国海軍大学指揮課程卒。海幕防衛部長、大湊地方総監、海幕副長、横須賀地方総監を経て、2014年に海上幕僚長に就任。2016年に退官。米国海軍大学教授兼米国海軍作戦部長特別インターナショナルフェローなどを歴任し、現在は三波工業株式会社特別顧問、笹川平和財団上席フェロー、一般社団法人日本戦略研究フォーラム（JFSS）顧問、日本国際問題研究所研究員などを務める。共著に、『自衛隊最高幹部が語る 台湾有事』（新潮新書、2022年）、『自衛隊最高幹部が語る 令和の国防』（新潮新書、2021年）、訳書に『中国海軍VS.海上自衛隊 すでに海軍力は逆転している』（ビジネス社、2020年）などがある。

尾上 定正（おうえ さだまさ）……………

元空将。防衛大学校（管理学）を卒業後、1982年に航空自衛隊入隊。ハーバード大学ケネディ行政大学院修士。米国国防総合大学、国家戦略修士。統合幕僚監部防衛計画部長、航空自衛隊幹部学校長、北部航空方

面隊司令官、航空自衛隊補給本部長などを歴任。2017年に退官。ハーバード大学アジアセンター上級フェロー を経て、現在、防衛大臣政策参与、アジアパシフィック・イニシアティブ（API）シニアフェロー、安全保障懇話会常務理事などを務める。共著に『自衛隊最高幹部が語る台湾有事』（新潮新書、2022年）、『自衛隊最高幹部が語る 令和の国防』（新潮新書、2021年）、『台湾有事と日本の安全保障』（ワニブックス、2020年）などがある。

伊藤 弘太郎（いとう こうたろう）…………………………

中央大学大学院法学研究科政治学専攻博士後期博士課程単位取得満期退学、同研究科より博士（政治学）を取得。衆議院議員事務所、内閣官房国家安全保障局などでの勤務を経て、現在、法政大学人間環境学部特任・任期付准教授、キヤノングローバル戦略研究所主任研究員。専門は、韓国の外交安全保障、東アジア国際関係。著書に『韓国の国防政策―「強軍化」を支える防衛産業と国防外交』（勁草書房、2023年）、共著に『防衛外交とは何か―平時における軍事力の役割』（勁草書房、2021年）、『ドローンが変える戦争』（勁草書房、2024年）などがある。

角南篤・笹川平和財団理事長　昨今の日本を取り巻く国際情勢は厳しさを増す一方です。背景には、これまで世界の発展を支えてきたグローバリゼーションに対するアンチテーゼとしての反グローバリゼーションという大きな潮流があります。第2次世界大戦以降の国際社会を支配した冷戦構造が終焉を迎え、東西の壁がなくなったことで経済のグローバル化が急速に進み、地球規模でヒト、モノ、資本、情報がそれまで以上に国境を越えて移動するようになりました。グローバリゼーションの加速にともない他国の経済市場へのアクセスや直接投資などが促進され、現地での雇用も増やしながら国家経済間の相互依存関係が深まっていくことは良いことだと考えられた。そういうある種のパラダイムがありました。

グローバリゼーションを支えていたのは自由貿易です。大学で最初に学ぶ近代経済学の貿易モデルですが、例えば英国とポルトガルが貿易を行うとします。英国は高品質の綿花を他国よりも効率よく作っていて、ポルトガルは良質なワインを生産してい

る。このような場合、それぞれが自国で綿花とワインの両方を作ろうと頑張るのではなく、英国は綿花の生産に、ポルトガルはワインの生産に特化したうえで貿易をすれば、結果的に両国の経済発展と市場拡大に寄与するという考え方です。こうした信用できる貿易国が多ければ多いほど基本的には経済原則に則って、より効率性が上がって、我々も相手も成長していく。しかし、この経済モデルには「我が国は国家戦略として経済より優先するものがある」という国が出てきたことによって、大きな歪みが生じてしまった。これまで自由貿易を信奉していた国々の「突然、売らないと言われたらどうする」という懸念が、現実のものとして起きている。純粋な経済学の理屈では国益を守っていけなくなってきたということです。

こうしたグローバリゼーションの理念とは異なる行動原理、反グローバリゼーションが拡大したことで、地政学的なリスクを正確に捉え、対応せざるを得ない状況になってきているのは大きな変化です。近年、経済安全保障という言葉がよく聞かれますが、この考え方は、世界システムは力と力の均衡が前提であり、ある一定の平和・安定というものを確保したうえで、初めて経済があり貿易があるというものです。グローバリゼーションが興隆していた時代には全くなかった概念と言えるでしょう。

島田和久・元防衛事務次官　お話いただいた世界情勢の認識に基づいた大きな安全保障環境の見取り図について、私の方から説明したいと思います。冷戦後、日本も含めて西側諸国は、かつての「封じ込め政策」にかわり、いわゆる「関与政策」に舵を切りました。旧共産圏や中国を取り込んでいけば、こうした国々も経済が成長し、国民も豊かになっていく。そうすれば国民は民主化を求めるようになり、いずれ我々と同じような国になっていくだろうという楽観的な発想を持っていました。そして、まさにグローバリゼーションの枠組みで経済の相互依存が進めば更に紛争が起きにくくなると信じていた。ただ、この発想が誤りであったということが明確になったのが昨今の状況でないかと思います。

共産主義のイデオロギーはなくなっても、統治形態としての権威主義国家が残ってしまい、経済成長によって得た富を軍事力増強に回していく。更に経済力を得た結果、経済的威圧を外交ツールの一つとして使うようになってきた。そういう強い国家

になることが、権威主義的な統治体制に更に正統性を与えてしまっているという負のスパイラルを生んでしまっていると思います。自信を深めた権威主義国家は既存の国際秩序にチャレンジするようになってきています。ウクライナに対する侵略はその象徴で、米国を中心とした西側諸国が作ってきた、法の支配に基づく自由で開かれた国際秩序を塗り替えようとする野心がみてとれます。

そういう状況にある一方で、国際秩序を経済的にも軍事的にも支えていた米国に異変が起きはじめています。自らが中心となって築いてきた国際秩序を維持する意欲が減退し、軍事力自体も相対的に低下してきている。象徴的だったのは２０１３年にオバマ大統領が「米国は世界の警察官ではない」と発言されたことです。

その後のトランプ大統領は、国家安全保障戦略の中で、いわゆる2正面戦略を完全に放棄してしまったのです。米国は長い間、ヨーロッパあるいはアジアという2つの正面で同時に紛争が起きても、いずれに対しても対処して勝つという戦略があったのですが、これを完全に放棄してしまった。続くバイデン政権でも、トランプ政権が放棄した戦略を元に戻すというよりも、むしろ更に推し進めて「統合抑止（Integrated Deterrence)」という考え方を国家安全保障戦略として打ち出した。これは米国のあらゆる国力を総合するだけではなく、同盟国の力も統合していく。この言葉の裏を返せば、米国一国では国際秩序を維持できないということを彼らの国家戦略として明確にしたということになります。

兼原信克・元国家安全保障局次長　米国はそうした新しい同盟戦略を練るにあたって、「これから誰と一緒にリーダーシップを取っていけば良いのか」ということをまさに今考えているわけです。誰が頼りになるのかというと、欧州には欧州連合（EU）がありNATOという集団防衛機構があります。ただし、いずれも多国間協議の枠組みですから、その内実は複雑です。欧州の次となる「グローバル・パートナー」が誰かということになると、日本しかいないわけです。

この二国間関係は、米国の盟友である英国とのそれと同じレベルまで深化してきていると言えます。日本においては、一昔前までは、米軍に基地さえ貸せばあとは全部米国が面倒を見てくれる、という構図だったと思います。私が外務省で課長をしていた1990~2000年代当時は、民生用の宇宙衛星を打ち上げるのでさえ米国は反対していました。それが最近では、空母もミサイルも開発・製造して問題ないと方針転換しました。しかし、米国のパートナーと認められると日本にも大きな責任が生じます。中国やロシア、北朝鮮と対峙する我が国として、日米同盟を最大化するためにどこまで防衛力を強化できるのか、ということが問われています。そして日米の二国間関係にとどまらず、アジアのハブ・アンド・スポーク（注：米国をハブとした日韓比豪泰の二国間同盟を中心とした太平洋同盟網の意）の主力として「もっと頑張ってくれよ」ということで、従来の日米豪印のクアッドという多国間の枠組みだけでなく、近年では日米韓、日米比、日米豪比、日米印などの協議が多数設けられているのです。

日本にとっての安全保障上の最大の脅威は、長年の仮想敵国であったロシアではなく中国です。中国は台湾を統一すると公言したり、一方的な海洋秩序の変更を繰り返したりしています。こうした情勢に応じて我が国の防衛態勢は近年、日本の南西地域で自衛隊を増強する方針、いわゆる南西シフトが進んでいる最中です。しかし、台湾を守ろうと思っても、日本と米国が力を合わせても厳しいのが現状です。台湾本国が防衛力を強化することは当然のことながら、隣国・近国であるフィリピンやインドネシア、ベトナムを我々の仲間につけ、有

事が起きた際に西側諸国の側に付いてくれる国に強くなってもらわなければいけません。こうした側面支援の取り組みが、まさにこれから求められてくることでしょう。

和田義明・衆議院議員　私からは、激変する安全保障環境に我が国がどのように対処しようと取り組んできたかについて説明させていただきます。自民党が民主党から政権を奪還し、安倍晋三元首相が再登板された２０１２年の第２次政権以降、我が国は平和安全法制や特定秘密保護法など安全保障・防衛政策における様々な法整備を進めてきました。安倍氏は「戦後レジームからの脱却」という明確なポリシーを掲げられ、日本が主権国家として当然の権利と責任を行使するための環境整備に尽力された。当時はまだ中国の脅威が今日ほど顕在化しておらず、またロシアのウクライナ侵略前でした。故に国会で平和安全法制案を審議した際には野党と多くのメディアが揃って政権を批判。安倍政権は支持率を10ポイント以上落としながらも本法案を可決しました。その結果、民主党政権下で地に落ちた米国の日本に対する信頼が、この二法案成立を契機に回復。まさに日本の国際政治における歴史的転換点でした。おそらく、首脳外交の第一線で米国や欧州など西側諸国のパワーが相対的に低下し、また中ロの反米専制主義同盟の台頭を肌で感じ取り、変化する世界のパワーバランスの中で我が国が進むべき道や果たすべき使命を見定め、身をもって実践されたのだと考えています。

　クアッドも安倍氏の構想から生まれた日米豪印４カ国の枠組みです。第１次政権時の２００７年にインドを訪問し、「米国や豪州を巻き込み、太平洋全域にまで及ぶ広大なネットワークへと成長する」として、日米豪印が連携する必要性について演説されました。念頭にあったのは、経済的、軍事的にも存在感を示し始めた中国の覇権主義に対する防波堤づくりでした。首相に再び就任された直後には、「安全保障ダイヤモンド構想」を公表し、「南シナ海は『北京の湖』になっている」として海洋進出を強める中国の脅威を指摘し、日米豪印を結んだひし形の安全保障体制を提唱しました。その後２０２１年に、オンライン形式ではありましたが初めての首脳会合が開かれました。

　安倍氏は２０２２年の参院選の演説中に凶弾に倒れましたが、その遺志を受け継い

だ有志国会議員や官僚、自衛官などが我が国の防衛力を高める努力をしてきました。同年12月に発表された国家安全保障戦略など安保3文書ではスタンドオフ火力などによる反撃能力を保持し、継戦能力を抜本強化するなど、真に国家国民を守り抜く体制の構築に大きな一歩を踏み出しました。加えて、防衛装備海外移転や同盟国・友好国との共同開発を推進することで国際秩序の堅持に能動的に貢献する意志も明確に示されました。防衛予算も2023年度から5年間の総額を43兆円とし、2027年度には約8兆9000億円と22年度比1・6倍まで増額します。

本年、2024年の通常国会では、経済安全保障にかかわる機密情報を扱う資格制度の創設を盛り込んだ新法が成立し、G7で最後にはなってしまいましたが、国防や経済安全保障上の機密情報へのアクセスを制限・管理するセキュリティ・クリアランスの対象を広げることができました。現在はアクティブ・サイバー・ディフェンス（サイバー空間の脅威に対する警戒監視強化やサイバー攻撃に対するサーバーによる報復）を可能とする法案の検討も自民党の中で進められています。このように自らの国を主体的に守り、国際秩序の堅持のための責務を果たすという不退転の決意が2024年4月の日米首脳会談の礎《いしずえ》となり、兼原さんがおっしゃられたグローバル・パートナーとして信頼できる相手は日本だとなっているのです。日本は戦後79年を経て、ようやく「自国で主体的に国家国民を守る」という覚悟を政府のコミットメントとして打ち出し、普通の主権国家のスタートラインに立ったと言えるでしょう。また、日本は歴《れっき》とした大国です。その矜持《きょうじ》と国際社会における使命感を胸に世界平和にも積極的に貢献するべく、これから歩んでいかなくてはなりません。

島田和久・元防衛事務次官　多極化した世界が出現している中で、経済力も依然として大きい日本が果たす役割の重要性は飛躍的に高まっていると思います。私は2012年から2019年まで当時首相であった安倍氏の首相秘書官を務めましたが、安倍氏はすでに1次政権の頃から世界が多極化のトレンドに向かっていっているという潮流と、その中における日本の役割の重要性を強く認識されていたと思います。だからこそ、安全保障政策を立て直すという旗印の下で政権復帰を図られたのでしょう。

我が国にとって自由で開かれた国際秩序を維持することは国益に直結します。戦後の自由で開かれた国際秩序によって、日本は70年以上、経済も成長し、平和と安全が保たれてきました。安倍氏はその基盤が揺らいでいくことを感じ取られていた。この間、日本は秩序の受益者、消費者と言う側面が強かったですが、米国の意思と国力が相対的に低下していく中において、日本は国際秩序の支え手に回らなければならない。米国を支えていく必要がある。そのため、現状では不十分な国内の法整備や、同盟・同志国との連携強化に注力しなければいけない。それが第2次安倍政権の外交・安保政策の根底にあった考えだったと思います。先般の日米首脳会談に合わせて岸田文雄首相が米議会で演説をされ、「米国は独りではありません。日本は米国と共にあります」ということをおっしゃられました。実は、安倍元首相が再登板されて初めて訪米し、シンクタンクで演説をされた際、そこですでに「日本を頼りにしてほしい」というスピーチをされているのです。当時は、直前の民主党政権が沖縄の米軍普天間基地の移設問題などで日米関係をぎくしゃくさせたこともあり、両国間の信頼関係は相当厳しいものでした。有言実行です。安倍氏の始めた取り組みが10年越しに結実したのが、２０２４年の日米共同声明だったのではないかと思います。

米国は太平洋国家であり、インド太平洋地域の各国にとっても大きな存在ではありますが、地理的には、いささか遠い。台湾有事の際の米国の対応をめぐって、台湾国内で「米国は本当にこの地域の平和と安定を守ってくれるのか」と疑米論が沸き起こっていることも理解できます。しかし、日本はこの地域にあるのです。地理的な位置は重要だと思います。台湾有事が起きれば、日本は不可避的に重大な影響をこうむります。有事が起きれば被害を必ず受けるような国として、地理的に逃れられない国がこの地域の平和と安定のために主体的に取り組むことは、米国のそれとはまた違った意味があるものと思います。

インド太平洋地域の安全保障の枠組みとして、米国がハブとなり日本や韓国、フィリピンやタイなどがスポークとなるハブ・アンド・スポークの従来の形態から、２０２４年４月の日米首脳会談を受けて、日米がハブとなってこの地域に格子状の安全保障ネットワークを構築していくかたちに変容していくという評価があります。私はこの見方は間違いではないと思います。一方で、国内ではあまり認識されていませんが、近年日本自身がハブとしての役割を相当程度担っているのです。ＦＯＩＰを打ち出し、日本が着実に防衛力の強化を図り国家意思を鮮明にしてきたことで、オーストラリアやインドは海・空・陸の軍を日本に派遣して、日本国内で共同訓練をやっています。インド太平洋の国々だけでなくイギリス、フランス、ドイツ、イタリアなども同様です。あるいは北朝鮮の制裁逃れの監視のための取り組みに関しても、日本の活動をベースにカナダやニュージーランドなどが艦艇や航空機を派遣して動向を監視しています。こうした世界の安全保障にとって最大の焦点であるインド太平洋地域において、日本がハブになってきているということはもっと広く国民に知られていいことだと思います。

尾上定正・元空将　和田さんから国家安全保障戦略・国家防衛戦略・防衛力整備計画いわゆる「安保3文書」についてご説明がありましたが、私は、この3文書は国際秩序のあり方が大きな変曲点に差し掛かっている中での日本の決意表明であり、具体的な政策の公約だと思っています。確実な遂行と達成を期していかなければならないと思います。一方で、日本は膨らむ財政赤字や、歯止めがかからない若年人口の減少など、大きな社会的な課題も数多く抱えています。これらは一朝一夕には改善せず、長く続くであろうというふうに考えると、国防に投資できる資源には非常に制約があるのが現状です。従って、この3文書の遂行に必要な人、予算、モノといったリソースをどのように確保していくかということを可能な限り客観的に見積もり、必要であれば目標を下げたり、あるいは何らかのかたちでそのリソースを増やしていったりするという軌道修正も適宜、状況に応じてしていかなければいけません。

安全保障を長年やってきた人間にとって、戦略の要諦とは、目的と手段を整合させることです。目的が大きすぎて手段がそれに見合うものでなければ、最初から失敗することは自明であります。まずはこの戦略３文書に具体化された防衛力の抜本的強化に向けた７つの能力強化を達成するために、必要な手段をしっかりと確保していくということが重要です。

和田義明・衆議院議員　ここまで我が国を取り巻く大局的な安全保障環境をみてきましたが、現実としての最大の脅威は、兼原さんからご指摘があった中国と言えます。米国のブリンケン国務長官は２０２２年に中国を「今日の国際秩序を再構築する意思と、そのための経済力、外交力、軍事力、技術力を兼ね備えた唯一の国」と評しています。近年急速に国力を増大させて米国に次ぐ経済的・軍事的大国となったわけですが、日本から海を隔てた先に、自国が頂点に立つ国際秩序への転換を虎視眈々《こしたんたん》と狙う大国が存在するという事実を我々はよく理解する必要があります。

２０１２年11月に中国共産党のトップである国家主席の座に就いた習近平氏は、２０４９年の建国１００周年までに「中華民族の偉大な復興」という「中国の夢」を実現する目標を掲げました。２０１７年７月、「中国の特色とする社会主義の成果は、人類の問題を解決する為に中国の知恵を捧げ、中国のプランを提供するもの」と発言。２０２２年10月、「中国共産党による指導体制や国民の内心の統制などからなる『中国式現代化』が人類の新たな選択肢である」とも発言。これすなわち中国共産党の専制主義的な統治手法が民主主義に替わる優れた選択肢であり、世界に広げるべきだという趣旨です。

そして経済発展、科学技術、政治などを中国共産党の最優先課題とし、「一流人材を招請」「技術交流・協力を強化」（２０２１年１月）、「超大規模市場の優位性を拠り所」（２０２２年10月）としつつ、「国際的なサプライチェーンを中国との依存関係に引きつけて離さない」「全世界の資源を引き付ける」（２０２０年４月）ことで戦略的不可欠性を確立し、中国の覇権を実現しようとしていることがよくわかります。

更に、強大な軍事力を背景に中国が復興を果たす象徴として強調したのが、台湾の祖国統一でした。台湾とチベットを中国にとって絶対に譲ることのできない「核心的利益」と呼び、核心的利益に関わる問題中心に、中国より国力が劣ると目する国に対しては強硬な戦狼外交を展開しています。我々民主主義国家としては、このような中国の利己的な「自国第一主義」が底流し、ロシアや北朝鮮も連携する新たな国際秩序などは到底受け入れられません。

懸念されている中国による台湾軍事侵攻の可能性について、米ＣＩＡ長官や米インド太平洋軍司令官は、習近平主席が人民解放軍に対して２０２７年までに台湾を軍事力で掌握するための能力を構築することを指示したと証言しています。台湾侵攻の準備が整った場合、次の焦点となるのが「いつ」侵攻するのかということです。シナリオの一つが、米国がインド太平洋に展開している軍の活動領域を縮退したり、係争問題に非介入の態度を示したり、極東における中国の軍事的優位性が確立されたりするなどして、習近平主席が現状変更の好機が到来したと認めるときだと考えます。そしてもう一つが、中国経済の失速に起因する社会情勢不安をコントロールできなくなり、国民の不満のはけ口を政権から逸らす必要性が生じたときです。政権を守る為なら手段を選ばず犠牲をも厭わないのが専制主義国家の常なのです。

安倍元首相は２０２１年に台湾で開かれたシンポジウムで、中台関係について「台湾有事は日本有事であり、日米同盟の有事でもある。この点の認識を習近平主席は断じて見誤るべきではない」と述べたうえで、中国側が軍事的手段を選ばないよう、自制を促す必要性を訴えました。台湾海峡での有事が現実のものとなると、海洋国家である我が国にとって安全保障だけでなく経済や国民の暮らしにおいても壊滅的な打撃を受けることになります。

そしてインド太平洋の火薬庫は台湾のみならず、南シナ海にも点在します。フィリピン、ベトナムなどが領有権を有する島や礁に対して中国が力による現状変更を試み、スプラトリー諸島やパラセル諸島などでは中国が一方的に基地化しました。中国はそこにミサイルや爆撃機を配備しています。南シナ海における中国のハラスメントはエスカレートし続けており、２０２４年６月にはフィリピン領セカンドトーマス礁にてフィリピン海軍の兵士が中国海軍に襲撃され重傷を負う事件も発生しました。

また、インドでも中国との国境紛争や航行の自由の懸念が顕在化しています。インド北部には３４４０キロメートルにわたる印中国境線があり、最近では２０２０年にインドとチベット自治区の国境で数十名の死者を出す衝突がありました。また、隣国パキスタン、スリランカ、モルジブには中国海軍が自由に使える港があり、ちょうどインドを取り囲むような位置にあります。

このように極めて厳しく不透明な国際情勢にあって、日本の平和、自由で開かれたインド太平洋を実現するのは今の国会議員の仕事です。２０２３年６月と９月にインドネシアに出張しました。特に９月は小野寺五典元防衛大臣を筆頭とする「防衛産業強化・防衛装備海外移転推進議連」としての出張でした。パウルス国会副議長やゴーベル副議長をはじめ国防副大臣、国会外交安保委員長、サイバー暗号庁長官、海上保安庁長官などと意見交換を行いました。加えて、海軍工廠PT PAL社なども視察。政治経済で中国と密接につながっているインドネシアですが、国家安全保障だけは中国と一定程度の距離を置いており、日本に対する安全保障協力や防衛装備移転、共同生産に高い期待感を示していました。

2023年7月と2024年1月にはインドに出張してアラマネ国防事務次官やチノイ防衛研究所長、下院安全保障委員長、などと意見交換を行いました。また、海軍造船所マザゴン・シップヤード社や大手電機会社バーラット・エレクトロニクス社なども意見交換。インドは原子力発電所や兵器の大半をロシアに依存しており、近年これを抜本是正する方針を示しています。すでに米国の戦闘機エンジンや警戒監視ドローン、フランスの戦闘機などの商談が成立しました。その一方で日印の共同訓練が年々拡充していることを高く評価し、日本からの防衛装備移転や共同開発・生産への強い期待を示しており、具体的な協議も進んでいます。

2024年6月に「防衛産業強化・防衛装備海外移転推進議連」としてフィリピンに出張。テドロス防衛大臣、マナロ外務大臣、アニョ国家安全保障会議長官などと意見交換を行った際には、南シナ海での中国による襲撃事案の直後だったこともあり、中国に対する怒りと共に、日本の安全保障協力に大きな期待が寄せられました。日本にとって初の防衛装備移転案件となったワレス空軍基地の防空レーダーはその性能とサポート体制が高く評価され、次なるプロジェクトの協議も進んでいます。その翌週には日比２＋２（外相・防衛相会談）が開催され、防衛協力を推進する円滑化協定（ＲＡＡ）が署名されました。

２０２４年７月下旬、インドネシア某所で笹川平和財団主催「第二回アジア・ステーツパーソンズ・フォーラム（ＡＳＦ）」が開催されました。日本とＡＳＥＡＮ主要国の若手政治リーダーが15人が集まり、チャタムハウス方式（メンバー、意見交換の中身も含めて完全非公開）で約２日間みっちりと意見交換を行った。会議の回数を重ねることで信頼が醸成される。秘密の会議だからこそ立場から離れて本音の議論ができる。ＡＳＥＡＮ各国は今の世界情勢をどのように受け止め、日本を、アメリカ、中国をどのように見ているのかに加え、各国が関心を持っているアジェンダは何なのかという、今まで見えなかったものが着実に見えてきました。

自由と民主主義と法の秩序、そして地域性の尊重という価値観を共有するインド太平洋諸国が自国を自国の力で守れる状況に近づけば、地域の平和と安定は大きく前進します。日本はアジアの民主主義国家の旗手として、日米同盟、Ｇ７、クアッド、日米韓、日米比などの枠組みを更に強化しつつ、ＡＳＥＡＮの友好国とも安全保障協力を強化し、またＮＡＴＯとも連携して、インド太平洋地域全域の平和と安定に主体的に貢献しなければなりません。それは日本の国益そのものであり、またインド太平洋地域の利益でもあるのです。

解説（第2章）

2-1 中国の戦略と脅威

中国（正式名称：中華人民共和国）は約960万平方キロメートル、日本の約26倍という広大な面積に、人口で世界首位のインドに並ぶ約14億人を擁する超大国である。経済においても、共産主義から資本主義に転換させる改革開放政策に1978年に転じて以来、高成長を続けてきた。この間の10年ごとのGDP（国内総生産）平均成長率は、10・5％（1991～2000年）、10・6％（2001～2010年）、6・8％（2011～2020年）と推移し、高成長の持続に成功したことにより、経済大国としての地位は不動のものとなっている。

世界第2位の経済大国となり自信を深めたことで、その強力な経済力を梃子として、胡錦濤前国家主席の時代から米国が主導する既存の国際秩序に対して挑戦する姿勢を見せ始めた。その挑戦者としての姿勢は、２０１２年から共産党総書記を務める習近平氏の下で更に鮮明化した。同年11月に開催された共産党大会から始まった習近平政権は、「中華民族の偉大な復興」を「中国の夢」とするスローガンを掲げ、政権が実現を目指す目標と位置付けた。また、⑴国家主権、⑵国家の安全、⑶領土の保全、⑷国家の統一、⑸中国憲法が確立した国家政治制度、⑹経済社会の持続可能な発展の基本的保障からなる６項目を中国の「核心的利益」と位置づけ、各国に尊重するように求めた。特に４つ目の国家の統一において、中国本土と台湾は「不可分の領土」であり、台湾は中華人民共和国の一部であるとする「一つの中国」原則を主張し続けており、後述する台湾有事にかかわる懸念事項となっている。

第１節　中国の夢とは何か

習近平国家主席が謳《うた》う「中華民族の偉大な復興」という「中国の夢」とは具体的にどういうことか。

これは、清朝時代のアヘン戦争（１８４０〜１８４２年）以降、西欧列強や日本に侵略された１００年の時代を指す「屈辱の世紀」に耐えた中国を現代の超大国に復帰させ、

●中国と米国における軍事費の推移

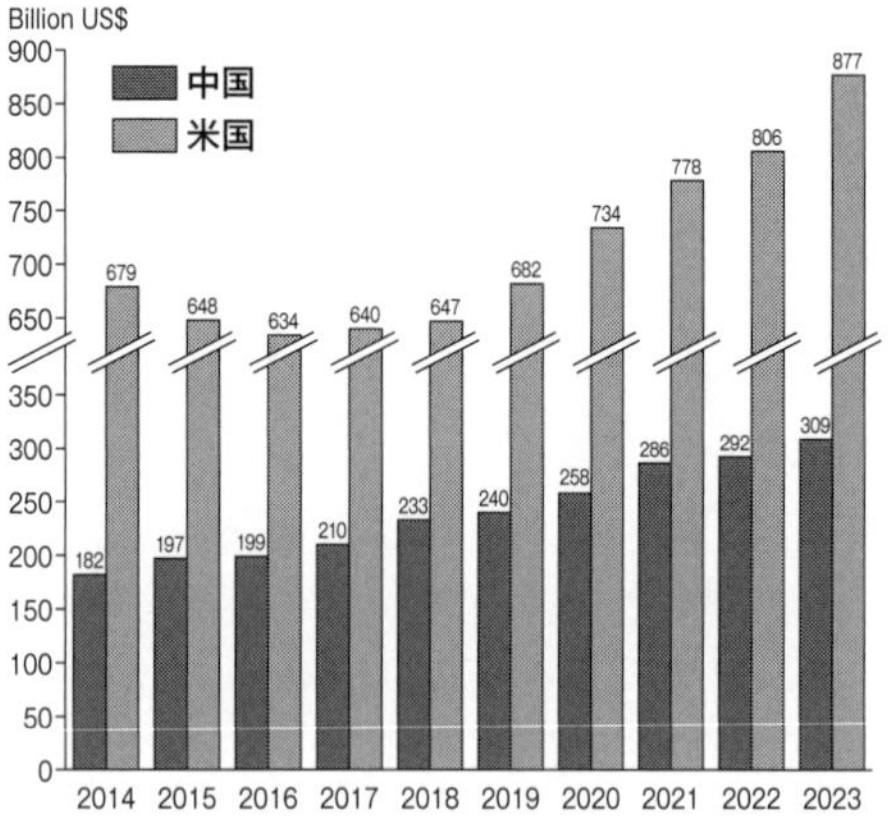

出所：SIPRI "Trends in World Military Expenditure, 2023", April 2024を基に作成

●中国と米国における軍事費の増加率（2014年比）

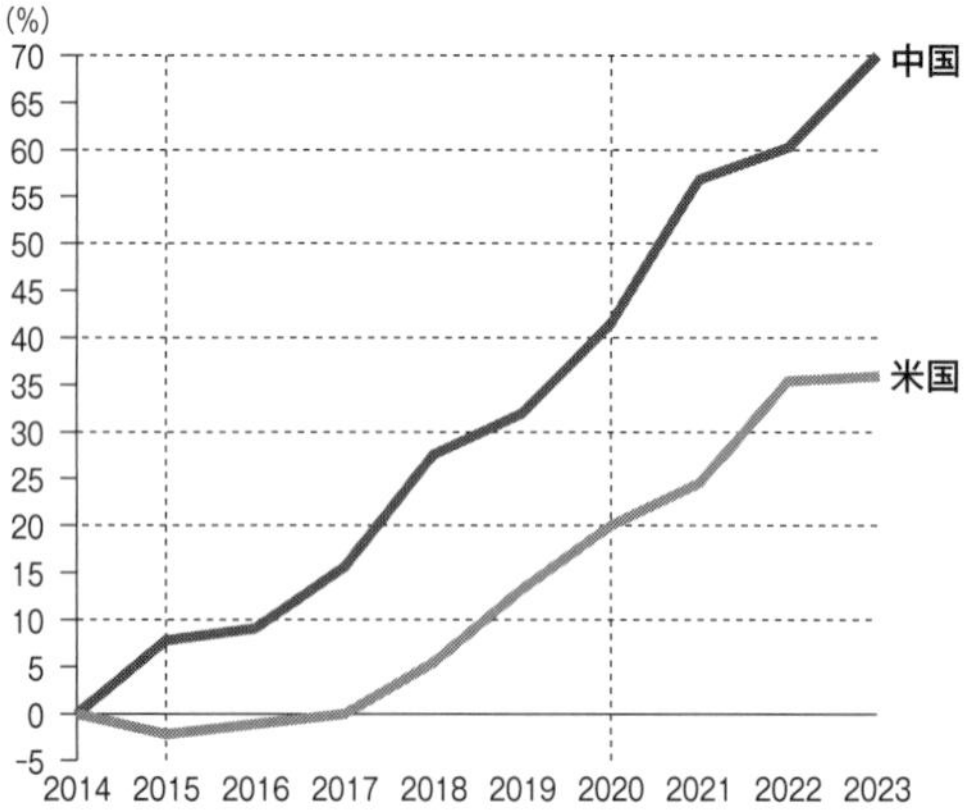

国際秩序の中心に位置づけるというストーリーである。中華民族の偉大な復興という夢を実現するために、習近平国家主席は「富国と強軍の統一を必ず堅持し、強固な国防と強大な軍隊の建設に努力しなければならない」とも述べている。

富国にあたっては国家目標として、①2035年までに国民1人当たりの年間所得を中程度の先進国並みの3万〜4万ドル程度に引き上げる②建国100周年にあたる2049年までに、世界トップレベルの総合国力と国際的影響力を有する「社会主義現代化強国」を実現する——ことを掲げている。強軍に関しては、軍備拡張を急速に進めている。国防予算はコロナ禍などで経済成長が鈍くなる中でも高い水準で伸びを保ち、ここ数年は6〜8％台を維持。2024年の国防予算案は、前年比7・2％増加の1兆6655億元（約34・8兆円）で過去最大規模となり、直近10年で倍増した。

習政権のこれまでの2期10年により、中国では従来の改革開放を中心とする鄧小平路線に取って代わり習近平路線が定着したという見方もある。習氏は2023年、1954年に今の制度が始まって以降初めてとなる3選を果たした。習氏や前任の胡錦濤氏は、トップに就く5年以上前には共産党の最高指導部のメンバーとなっていたが、未だに党最高指導部の中からの後継者候補は明確になっておらず、習政権は2027年以降の4期目も視野に入れている。

第2節　一帯一路とは何か

中国の台頭などに伴い国際社会のパワーバランスが大きく変化する中、習近平国家主席は2017年の全国人民代表大会（全人代、国会に相当）で、「中国の特色ある大国外交は、新型国際関係の構築を推進し、人類運命共同体の構築を推進」することであるとして、中国外交が目指すべき新しい方向性を示した。国際秩序の改編を目指す「中国の特色ある大国外交」にとって、「一帯一路」はその実現を図る具体的な手段として目されている。

出所：外務省　https://www.mofa.go.jp/mofaj/area/china/

一帯一路とは習氏が2013年に提唱した、中国と欧州やアジアを結ぶ広域経済圏構想のことである。古代のシルクロードになぞらえ、中国から中央アジアを経由して欧州へ陸路でつながる経済ベルトを「一帯」、南シナ海やインド洋、地中海を通ってアフリカをも結ぶ海路を「一路」としている。陸路と海路の物流網を整備することで人、モノ、資金、情報等の流れを拡大して、中国を中心とする広域経済圏の形成を目

●一帯一路の沿線国

北東アジア	東南アジア	南アジア	西アジア 北アフリカ	中東欧	中央アジア
ロシア、モンゴル	シンガポール、インドネシア、マレーシア、タイ、ベトナム、フィリピン、カンボジア、ミャンマー、ラオス、東ティモール	インド、パキスタン、スリランカ、バングラディッシュ、ネパール、モルジブ、ブータン	アラブ首長国連邦、クウェート、トルコ、カタール、オマーン、レバノン、サウジアラビア、バーレーン、イスラエル、イエメン、エジプト、イラン、ヨルダン、シリア、イラク、アフガニスタン、パキスタン、アゼルバイジャン、ジョージア（旧グルジア）、アルメニア	ポーランド、アルバニア、エストニア、リトアニア、スロバニア、ブルガリア、チェコ、ハンガリー、マケドニア、セルビア、ルーマニア、スロベキア、クロアチア、ラトビア、ボスニア・ヘルツェゴビナ、モンテネグロ、ウクライナ、ベラルーシ、モルドバ	カザフスタン、キルギス、トルクメニスタン、タジキスタン、ウズベキスタン

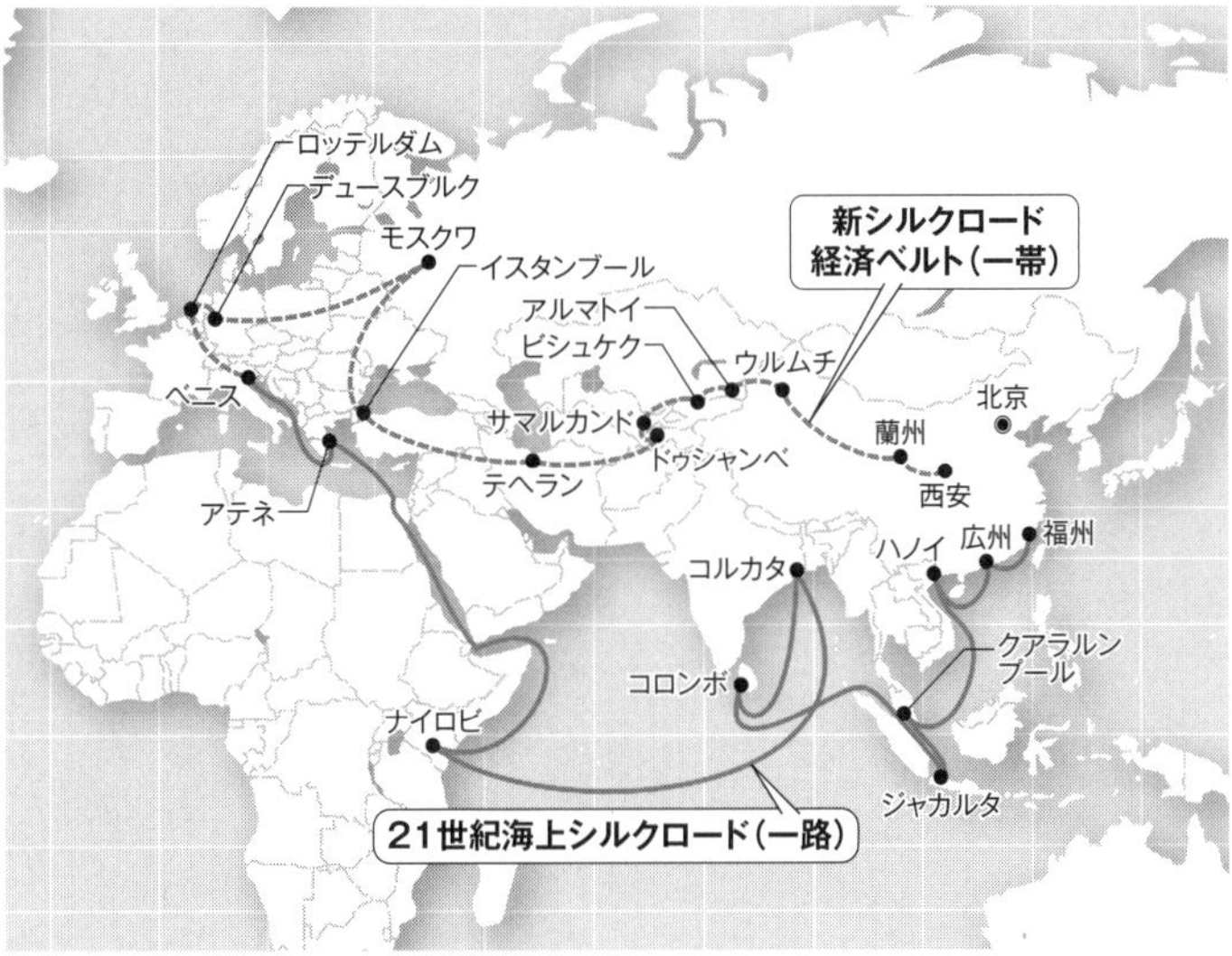

出所：経済産業省　通商白書2017　https://www.meti.go.jp/report/tsuhaku2017/2017honbun/i1310000.html

指していると捉えられている。一帯一路の沿線国は当初50カ国程度だったが、今ではアジア、アフリカ、欧州のおよそ140カ国にまで拡大。その総人口は世界人口の6割を占め、GDPでは世界全体の3割を占める巨大経済圏構想にまで発展している。

一帯一路の特徴は、中国の政策金融機関や国有商業銀行といった政府系の金融機関が事業資金の大半を提供している点である。そのため、不良債権が生じても最終的には中国政府が処理をしてくれるのではないかという見方もあり、債務国の返済能力や個々のプロジェクト案件の経済合理性をしっかりと審査せずに資金を投融資しているという指摘も根強い。

米国のシンクタンクは2018年に、一帯一路沿線国における2016年の債務データを検討した結果、ジブチ、キルギス、ラオス、モルジブ、モンゴル、モンテネグロ、タジキスタン、パキスタンの8カ国が「深刻な債務リスク」に面していると公表している。スリランカではインド洋に面する南部のハンバントタ港をめぐり、同国政府が借入金の返済に行き詰まり、一部の借金の免除と引き換えに港の運営権を中国側に99年間譲渡したという事例もある。こうした「中国債務の罠」への警戒感は、一帯一路が中国の覇権を確立するための手段だとして警戒していた米国や日本だけでなく、それまで構想に協力的であった西欧諸国や沿線諸国にも波及している。

第３節　チャイナリスクとデカップリング・デリスキング政策

中華民族の偉大な復興という中国の夢を実現すべく、一帯一路構想などを通じて影響力を拡大し続けている中国であるが、一方で中国と取引を行う企業あるいは中国へ進出している企業が直面する問題として深刻化しているのが、ビジネス上の「チャイナリスク」である。

日本貿易振興機構（ジェトロ）がまとめた報告書によると、チャイナリスクは①カントリーリスク、②オペレーショナルリスク、③セキュリティリスクの３つに体系的に整理できる。カントリーリスクとは、共産党一党独裁による政治システムの安定性や欧米などとの貿易摩擦問題を含む対外経済関係、台湾との両岸関係など中国の政治・社会的安定および経済成長の持続性に関するリスクを指す。オペレーショナルリスクは中国での実際の事業運営において生じるリスクで、具体的には貿易、投資、知的財産権、法務、雇用労働、財務・金融・為替、生産などに関わるものだ。セキュリティリスクは反日デモや不買運動、新興感染症、情報セキュリティ、企業の社会的責任などに関連するリスクである。同報告書は、中国でビジネスを展開する企業が、これら3つのリスクを認識したうえで、「中国でのリスクは突発的に発生する可能性が高いことについては十分考慮しておく必要がある」と指摘している。

日本は、2012年の尖閣諸島の国有化を背景とする中国での大規模な反日デモなどにより、チャイナリスクに直面してきた。加えて近年では、世界的にもチャイナリスクが高まりつつある。米国では、2016年の大統領選でトランプ氏が勝利し、大統領に就任すると、2018年から本格的に貿易戦争が始まった。

事の発端は、米国が中国との貿易不均衡是正のためとして中国製品に対して高関税を課したことだった。これに対し中国側が、米国製品に報復関税を課す措置をとったことで、中国に生産拠点を持っている企業が多大な影響を受け、チャイナリスクの深刻さが浮き彫りとなった。新型コロナウイルス感染症が世界中に広がった際には、中国政府は上海などの主要都市で長期にわたるロックダウン（都市封鎖）を行い、感染を徹底的に封じ込める「ゼロコロナ政策」を強行した。これに伴い世界的なサプライチェーンの寸断が起きるなど、中国共産党による一党独裁体制が内包する国際経済へのリスクが露呈した。

出所：経済産業省「半導体・デジタル産業戦略」
https://www.meti.go.jp/press/2023/06/20230606003/20230606003-1.pdf

チャイナリスクは、軍事や通商だけでなく、次世代技術の領域などにも波及している。中国は、民間資源を軍事利用し、軍事技術を民間に転用する「軍民融合」戦略を展開。特に、海洋、宇宙、サイバー、人工知能などを重点分野に指定し、経済発展と軍事力強化を一体的に推し進めている。こうした中国の動きに対し、米国では、軍事・経済・技術的な優位性が中国に本格的に脅かされているとの声が高まり、中国への技術流出や中国製品を使用することで生じる安全保障上のリスクに対応する措置が矢継ぎ早に打ち出された。

２０１８年に米議会で成立した「２０１９年国防権限法」には、中国企業を念頭に置いた対内投資規制強化、対中輸出管理の強化、中国製通信機器の調達規制などが盛り込まれ、米中経済の「デカップリング」すなわち切り離しの動きに発展した。対中強硬路線は、バイデン政権（2021年～）も踏襲している。バイデン政権は2022年、先端半導体の対中輸出規制を発表。2023年には先端分野への対中投資規制に関する大統領令を発出した。

欧州でも中国との関係を見直す動きが加速している。欧州委員会は、2023年にEU外務・安全保障政策上級代表と共同で、欧州経済安全保障戦略に関する共同コミュニケを発表。特定の国や地域への依存から生じるリスクを軽減し、EUの経済的・安全保障的な自律性の強化を目指している。経済的に大きな犠牲を払うことになるデカップリングに発展しないよう、「デリスキング（リスク軽減）」という欧州独自のアプローチを強調した。

2023年に広島で開催されたG7サミット（主要7カ国首脳会議）で採択された「G7広島首脳コミュニケ」では、「デカップリングではなく、多様化、パートナーシップの深化及びデリスキングに基づく経済的強靭性及び経済安全保障への我々のアプローチにおいて協調する」方針を示し、G7で対中政策の基本姿勢における足並みを揃えた。

2-2 台湾有事と日本／世界への脅威

台湾（Taiwan）は、3万6千平方キロメートルという九州よりやや小さい面積に、人口約2342万人（2024年1月）が住む。政治体制は三民主義（民族独立、民権伸長、民生安定）に基づく民主共和制であり、五権分立（行政、立法、監察、司法、考試）である。

台湾は、17世紀に中国大陸を統治していた最後の王朝である清朝の支配下であったが、日清戦争後は日本統治下となった。台湾を日本が統治している間に中国大陸では清が倒れ、1912年に「中華民国」が建国。日本が太平洋戦争に敗れた後、国民党（蔣介石）率いる中華民国が台湾の管轄権を行使したが、中国大陸での内戦で国民党が共産党（毛沢東）に敗れ、中華民国の臨時首都を台北に遷都（1949年）したことが国の始まりとなった。一方、共産党は中国大陸に今の中国となる「中華人民共和国」を作り、1971年に国連が中国の代表権は中華人民共和国が持つと決定したことで、台湾（中華民国）は国連を脱退した。そのため正式な国交を結んでいる国は2024年5月時点で12カ国（ツバル、マーシャル諸島共和国、パラオ共和国、バチカン、グアテマラ、パラグアイ、ハイチ、ベリーズ、セントビンセント、セントクリストファー・ネーヴィス、セントルシア、エスワティニ）にとどまっている。正式な国交はないものの、我が国をはじめ米国、オーストラリア、カナダ、ＥＵ諸国、ニュージーランドなど、数多くの国と非政府間の実務関係を維持している。

２０２４年1月の総統選挙の結果、民進党の頼清徳《らい・せいとく》氏が、最大野党である国民党などの候補者を退けて当選し、２０２４年5月20日に第16代台湾総統に就任した。民進党は国民党の独裁体制が続いていた１９８６年に、民主化を目指す人々が設立した政党。１９９１年には党の方針を示す綱領に「台湾共和国」の設立を加え、独立を目指す姿勢を明確化したため、中国側から警戒されてきた。独立方針をめぐって、民進党で前総統の蔡英文《さい・えいぶん》氏は「現状維持」を掲げ、中国を過度に挑発しない方針をとった。頼清徳総統も台湾は実質的に独立した主権国家との認識を示したうえで「改めて独立を宣言する必要はない」と語り、蔡氏の立場を引き継ぐとしている。

出所：外務省 https://www.mofa.go.jp/mofaj/area//taiwan/data.html

第４節　台湾有事

先述の通り、中国は台湾が自国の領土の一部であるとする「一つの中国」原則を堅持し続けている。

一方、台湾は頼清徳新総統の就任式演説にて「国際間では既に、台湾海峡の平和と安定が世界の安全と繁栄にとって不可欠という高度なコンセンサスがある。新政権は『四つの堅持』（自由で民主的な憲政体制を堅持、台湾と中国が互いに隷属していないことを堅持、主権の侵犯と併呑は許さないことを堅持、台湾の前途は全ての台湾人民の意思に従うことを堅持の４つを指す）に基づき、へつらわず、高ぶらず、現状維持に取り組む」としており、**現状維持**を是としている。

更に「中国が中華民国の存在とその事実を直視し、台湾人民の選択を尊重し、誠意を示すことを望む。民主選挙で選ばれた台湾の合法的な政府は対等、尊厳の原則の下で、対立を対話にかえて、封じ込めは交流と協力にとって代わることができる。まずは対等なかたちで相互の観光往来と台湾への留学を再開することから始め、ともに平和と共栄を追求することができる。中国は台湾に対する武力侵攻の可能性をいまだに放棄していないため、中国の主張を全面的に受け入れ主権を放棄したとしても、中国の台湾併合の企図は消えるわけではないと、台湾人民は理解すべきである」とも述べており、強い危機感・警戒感を改めて明確にしている。

出所：ジェトロ https://www.jetro.go.jp/biznews/2024/05/153db47caa35ca67.html

一方、中国側は台湾への武力行使の準備・土壌づくりを着々と進めている。

令和5年版防衛白書は、「中国は、台湾は中国の一部であり、台湾問題は内政問題であるとの原則を堅持しており、**『一つの中国』の原則が、中台間の議論の前提であり、基礎であるとしている**。また、中国は、外国勢力による中国統一への干渉や台湾独立を狙う動きに強く反対する立場から、最大の努力を尽くして平和的統一の未来の実現を目指すが、**決して武力行使の放棄を約束しないことをたびたび表明**」しているとの現状認識を示している。また「2005年3月に制定された**『反国家分裂法』**では、『平和的統一の可能性が完全に失われたとき、国は非平和的方式やそのほか必要な措置を講じて、国家の主権と領土保全を守ることができる』とし、**武力行使の不放棄が明文化**」されていることにも言及している。

●台湾有事発生想定時期の予測一覧

台湾有事発生想定時期	コメントメンバー・機関	コメント時期
2027年	フィリップ・デービッドソン米インド太平洋軍前司令官（NHK報道）	2021年3月
2025年	邱國誠台湾国防相（CNN報道）	2021年10月
2024~2025年	森本敏元防衛相（産経新聞報道）	2022年2月
2027年	ミリー統合参謀本部議長（日本経済新聞報道）	2022年2月
2027年	ブリンケン米国務長官（日本経済新聞報道）	22年10月
2023年	マイケル・ギルディ米海軍作戦部長（日本経済新聞報道）	2022年10月
2025年	マイク・ミニハン米空軍高官（日本経済新聞報道）	2023年1月
2027年	ウィリアム・バーンズCIA長官　米政府の諜報活動などで得られた情報としてイベントでコメント	2023年2月
2027年	米国国家情報長官室 Office of the Director of National Intelligenceにて明記	2023年2月

出所：各種資料・報道より収集・作成

更に、「２０２２年10月、習総書記（国家主席）は、第20回党大会における報告の中で、両岸関係について、『最大の誠意をもって、最大の努力を尽くして平和的統一の未来を実現』するとしつつも、『台湾問題を解決して祖国の完全統一を実現することは、中華民族の偉大な復興を実現する上での必然的要請』であり、『決して武力行使の放棄を約束せず、あらゆる必要な措置をとるという選択肢を残す』との立場を改めて表明」している。「『また、同党大会で採択された改正党規約においても、「『台湾独立』に断固反対し、阻止する』との文言を追加し、台湾独立阻止を党の任務として位置づけた」ことから台湾現政権と相容れないことが分かる。

出所：防衛省　令和5年版防衛白書　https://www.mod.go.jp/j/press/wp/wp2023/html/n1302010000.html

米国の軍関係者や有識者は、早ければ２０２５年に、遅くとも3期目に入った習国家主席の任期の終わりにあたる２０２７年までには、台湾有事が起こる可能性が高いとみている。

実際に台湾有事が起こった際、特に影響が大きいと考えられているのがシーレーン（海上交通路）および半導体産業である。

①シーレーン（海上交通路）への影響

シーレーンとは海上航路の中でも、特に国として戦略上重要視される航路のことである。１１６ページは日本から伸びる主な海上輸送ルートであるが、グローバル化が進んだ現在においては、世界中が輸送物や種類により複数のルートで結ばれており、複雑に絡み合っていることが見て取れる。

特に日本においては、エネルギー資源をはじめ様々な物資を国外から輸入に頼っているが、台湾との間にも複数の輸送ルートが存在している。もし台湾有事が発生した場合、台湾周辺の海域は海上封鎖される可能性が高く、そうなった場合、国内経済活動において、特に左記のような影響が懸念される。

- 電気・エネルギー危機：液化天然ガス（ＬＮＧ）、石油などエネルギー資源の輸送ルートが遮断されるため、エネルギー資源の不足が深刻となる。工場などの生産現場はもちろん、トラック輸送をはじめとする物流網や通信ネットワークなど、国民生活や経済活動のありとあらゆる部門が著しい打撃を受ける。
- 食料危機：海外からの農業品、水産品や生活物質の輸入がストップする。更に、前述の電気・エネルギー危機が、国内における農業、漁業、食品加工、輸送、冷

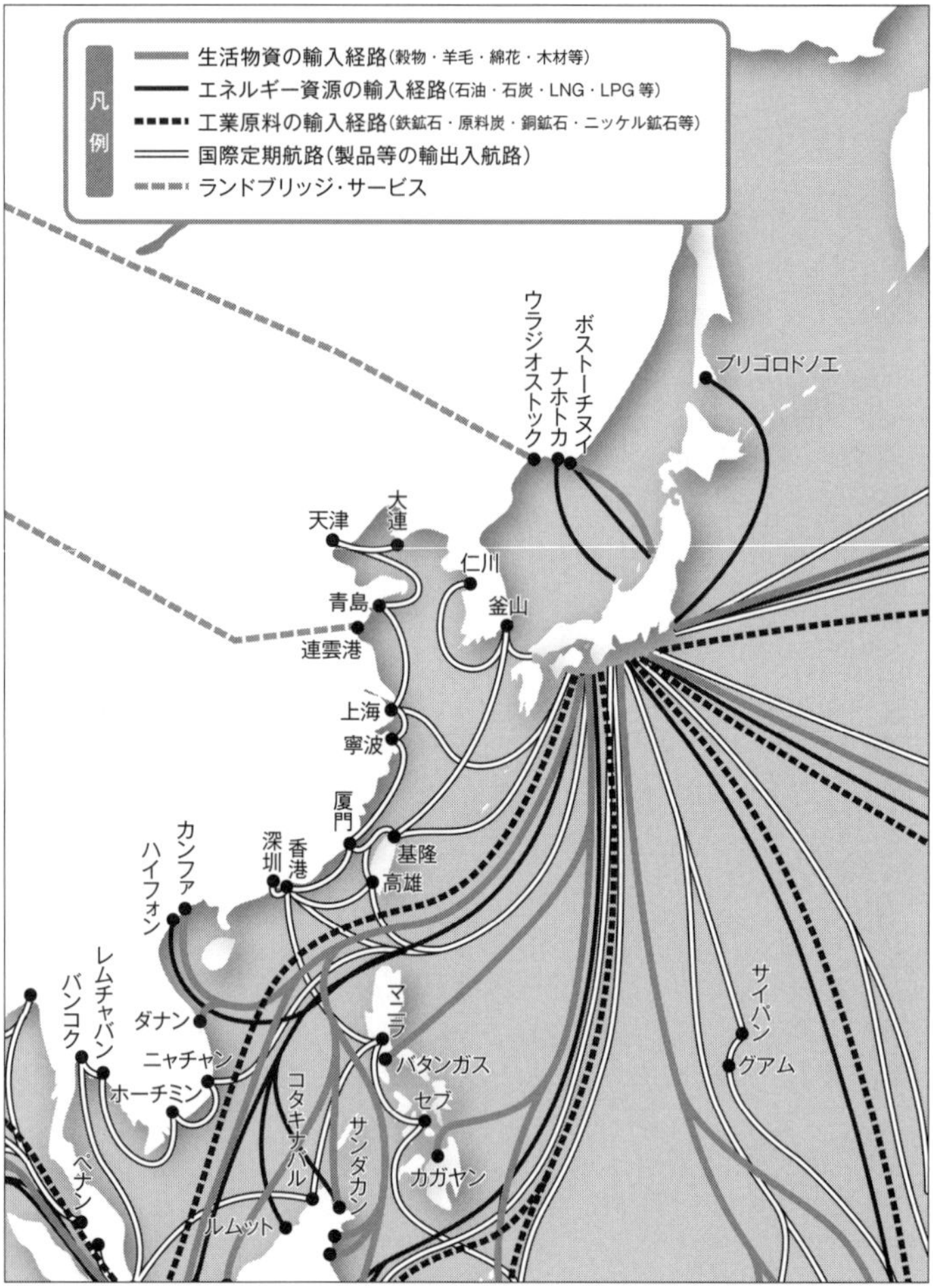

出所：日本の海運 SHIPPING NOW「世界を結ぶ海上物流ルート」https://www.kaijipr.or.jp/shipping_now/

凍・冷蔵などの保管体制といった一連の生産・供給活動を直撃する。このため、国内全体への食料供給に著しい打撃が加わる。

②半導体への影響

半導体は我々の生活に身近なスマートフォンやパソコン、テレビ、デジタルカメラ、洗濯機や冷蔵庫、エアコンなどの生活家電をはじめ、自動車や飛行機、新幹線といった公共交通機関、医療ネットワークや医療機器、ＡＴＭなどの社会インフラなど、我々の日々の活動に欠かせない存在となっている。台湾はその半導体の世界最大の生産地である。台湾の調査会社によれば、２０２３年の世界の半導体の受託生産企業（ファウンドリー）の売上高は１１７４億ドル超に達し、このうち世界最大の専業ファウンドリーである台湾積体電路製造（ＴＳＭＣ）が60％を占める。ＴＳＭＣ以外の台湾企業では、聯華電子（ＵＭＣ）が６％、力晶積成半導体（ＰＳＭＣ）と世界先進積体電路（ＶＩＳ）もそれぞれ１％の構成比を有し、これらを合わせると台湾企業だけで世界全体の67％を占めている。２０２４年のシェアは更に高まり、台湾企業が世界全体の半導体売上高の70％を稼ぎ出すと予測している。

台湾の半導体メーカーは、生産拠点を台湾国内に一極集中させる傾向にある。ＴＳ

●世界の半導体市場推移

	2018年	2019年	2020年	2021年	2022年	2023年	2024年	2025年
半導体市場(100万ドル)	468,778	412,307	440,389	555,893	574,084	526,885	611,231	687,380
個別半導体素子	24,102	23,881	23,804	30,337	33,993	35,530	32,773	35,310
光学デバイス	38,032	41,561	40,397	43,404	43,908	43,184	42,736	44,232
センサー・アクチュエーター	13,356	13,511	14,962	19,149	21,782	19,730	18,265	19,414
集積回路(IC)	393,288	333,354	361,226	463,002	474,402	428,442	517,457	588,425

成長率 (%)	2018年	2019年	2020年	2021年	2022年	2023年	2024年	2025年
半導体市場(100万ドル)	13.7%	-12.0%	6.8%	26.2%	3.3%	-8.2%	16.0%	12.5%
個別半導体素子	11.3%	-0.9%	-0.3%	27.4%	12.0%	4.5%	-7.8%	7.7%
光学デバイス	9.2%	9.3%	-2.8%	7.4%	1.2%	-1.6%	-1.0%	3.5%
センサー・アクチュエーター	6.2%	1.2%	10.7%	28.0%	13.7%	-9.4%	-7.4%	6.3%
集積回路(IC)	14.6%	-15.2%	8.4%	28.2%	2.5%	-9.7%	20.8%	13.7%

出所：WSTS 2024年春季半導体市場予測
https://www.jeita.or.jp/japanese/stat/wsts/docs/20240604WSTS.pdf
参考：日本戦略研究フォーラムによる台湾有事シミュレーション
https://www.jfss.gr.jp/taiwan_study_group

ＭＣは現在国内外に20カ所の生産拠点を持つが、そのうち16カ所が台湾国内に立地している。近年は地政学的リスクの観点から、米アリゾナ州フェニックスや日本の熊本、ドイツのドレスデンに新工場の建設が決定し、生産拠点を分散させる動きもある。しかし、今後より需要が高まるとみられるスーパーコンピューターやＡＩの開発に必要な先端半導体の生産・開発は、依然として台湾内の工場をメインとしている。先端半導体の供給の要である台湾でひとたび有事が起これば、世界中が深刻な半導体不足に陥り、通信、交通機関、医療、金融といったあらゆる社会的インフラ・ネットワークが停止するなど著しい打撃を受ける可能性があるだろう。

米ブルームバーグ・エコノミクスは２０２４年1月に、台湾有事が発生した際の経済的コストは約10兆ドル（約１４４０兆円）と、世界のＧＤＰのほぼ10％に相当するとの独自の試算を公表した。日本や韓国など東アジアに位置する国の経済が最も大きな影響を受けるとも指摘している。

第3章

日本の新たな外交指針

――「インド太平洋戦略2・0」に基づいたパートナーシップ強化――

和田義明・衆議院議員　安倍晋三元首相が2016年に世界に向けて提唱した「自由で開かれたインド太平洋（FOIP）構想」は、世界の物流の生命線でもあるインド太平洋における航行の自由と、世界の人口の半数を擁するインド太平洋地域において自由、民主主義、法の支配といった価値観に基づく国際秩序を構築することを目指していました。この構想に底流していた日本の問題意識は、中国の急速な軍事的台頭と南シナ海、東シナ海における力による現状変更、そして台湾有事のリスクでした。従って当時は自由で開かれたインド太平洋「戦略」として提言がなされました。しかし、当時インドやASEAN諸国は新たな同盟による中国包囲網と中国に解釈されることを危惧し、また台湾有事もさほど差し迫っていないとの認識から、建前上は安全保障政策ではなく通商政策として取り扱うべく、「戦略」から「構想」に表現を和らげた経緯があります。

あれから8年が経ち、中国の軍事力は加速度的に拡大しており、覇権を拡大する意

思も行動も更に先鋭化し、日本も含めてインド太平洋諸国の脅威認識は深刻さを増しています。今、日本に求められていることは、安倍元首相が提唱して国際社会の指針となったＦＯＩＰの基本的理念を現下の厳しい安全保障環境を念頭にバージョンアップした「インド太平洋戦略２・０」を提唱して、自由で開かれたインド太平洋を守る具体的な戦略を示すことだと考えます。

インド太平洋戦略２・０の要諦は、「固・広・深」だと考えます。米国との同盟や同志国との安全保障の連携を更に固め、価値観を共有する同志国や友好国との輪を広げ、それらの国々との連携を着実に深めることです。そして日本が先頭に立ってその任を主体的に担い貢献するということです。

インド太平洋の新興国への経済支援の多寡でいうと日本は中国の規模には到底かないません。そしてこれらの国々もどんどん豊かになってきます。そういった情勢の中で、日本がこれまで長年ＯＤＡや円借款で実施してきたような道路や鉄道、ダム、など典型的なインフラ整備事業のありがたみは、徐々に薄れてきています。それでも戦後、相手国の利益を最優先して、そのニーズに応え、愚直に実施してきた国際支援は日本の圧倒的な信頼感を打ち立ててきました。そしてこのレガシーを守り、進化させ続けなければなりません。相手国の究極的なニーズにしっかり応え、同時に日本の価値を更に高めて戦略的不可欠性を確立して行くことが目指すべき道だと考えます。相手国の利益を最優先する信頼できる国で世界トップクラスの科学技術力を有している、そんな日本だからこそ頼りたい分野とは何でしょうか。私は厳しい安全保障環境の中でも自国で自国と自国民を守れるようになるための国家防衛の支援だと思います。

そもそもＡＳＥＡＮは非同盟主義で、争いを回避することを最優先します。加えて、加盟10カ国の日米中との関係性や国家安全保障観がまだら模様です。インドはどの陣営にも偏らず全方位外交をとっています。そのような観点からも、インド太平洋戦略２・０を安全保障の同盟として日本が第三国に自衛隊を派遣して直接的に守る、いわば安全保障同盟的な関与は日本の現行憲法の観点からしても日本の限られたリソースの現状からしても現実的とは言えません。

それでは日本の貢献の道は何か？　それは、防衛装備移転や共同開発、共同生産、整備修理支援、共同訓練、情報共有、防衛サプライチェーンのハード面からソフト面まで、相手国のニーズに適合したトータルパッケージを提供することです。例えば、ＡＳＥＡＮ諸国の軍隊の多くは国内の反政府勢力などの抑止を主目的に構築されており、中国など大国の脅威を抑止する設計にも規模にもなっていません。同じ価値観を共有する国々が主権国家として自国を守る体制を構築できれば、中国が今、南シナ海で試みている力による現状変更を続けるハードルが格段に上がり、インド太平洋の平和と安定は格段に改善するでしょう。それが今後目指してゆく自由で開かれたインド太平洋のあるべき姿であり、日本の「動脈」であるこの地域の安定こそが日本の国益であり、かつ多くのインド太平洋諸国とも共有できる利益だと確信しています。

角南篤・笹川平和財団理事長　インド太平洋諸国には、インドの対岸にあるアフリカや中東の一部も含まれます。そしてインド洋と太平洋をつなぐ航路にインドネシアやマレーシアなどのＡＳＥＡＮが位置し、太平洋に出るとオーストラリアやニュージーランド、南太平洋の島嶼国がある。インド太平洋戦略２・０は、これらの国々とどのように価値観を共有し、信頼関係を築いていくかという日本外交のこれからの羅針盤になり得ると感じます。

そこでカギとなることは、二国間の連結性という平面的な視点ではなく、日本がパートナーシップを強化していく国々の成長を考える立体的な視座でしょう。インドやＡＳＥＡＮなどのグローバルサウスと呼ばれる国からすると、いつまでもグローバルサウスと呼ばれたくない。早く経済成長を果たし、グローバルサウスから一歩先に出たいわけです。ＩＴやＡＩ、サスティナビリティなど経済活動において新しい成長分野がどんどん出てきているなかで、彼らはどうやってそれらを経済成長につなげられるか模索しています。そうしたとき、「お金を出してあげるから好きに使っていいよ。その代わりここの土地は勝手に使わせてもらうよ」といった連携を持ち掛ける国もあるわけです。気がついたら債務の罠に陥り主権を侵されてしまうのではないか、そういう不安が債務国にはどうしても付きまといます。

それに対して日本をみる国際社会の目は、官民を問わず戦後の先人の方々の努力の賜物としての信頼が非常に高い。ＡＳＥＡＮはかつて我々が戦争をした地域です。現地の方々で被害に遭われた方も大勢いたはずですが、今では日本が最も信頼できるアジアのパートナーだと思ってくれている国が多い。先人たちが残してくださった遺産を生かして、立体的な成長モデルとしてのインド太平洋戦略２・０を日本と一緒に考えていきましょうという外交戦略があっていいと思います。

島田和久・元防衛事務次官　安倍元首相はインド、ＡＳＥＡＮとの関係強化の重要性について非常に強く認識されていました。第２次政権が発足した後の初めての海外訪問も米国ではなくて東南アジアだったことがそのことを物語っているでしょう。ベトナム、タイ、インドネシアを公式訪問して、「対ＡＳＥＡＮ外交５原則」を発表しました。そして、２０１４年の1年間でＡＳＥＡＮ10カ国の全てを訪問されたことからしても、過去に例のないほどＡＳＥＡＮを重視していたことがわかると思います。

安倍氏がＦＯＩＰを正式に提唱したのは、２０１６年にケニアで開催されたＴＩＣＡＤ Ⅵの基調演説でした、しかし、個人的には、事実上打ち出されたのは、２０１４年にシンガポールで開催されたシャングリラ・ダイアローグ（アジア安全保障会議）での基調講演だったと思っています。安倍氏の発言は、「今日、私たちおのおのにとっての利益は、太平洋から、インド洋にかけての海を徹底してオープンなものとし、自由で、平和な場とするところにあります。

法の支配が貫徹する世界・人類の公共財として、われわれの海や、空を保ち続けるところ、そこにこそ、すべての者に共通する利益があります」というものでした。真っ先に中国代表が日本批判の発言をしたのですが、すかさずインド代表が安倍総理に賛意を示し、満場の拍手が沸いたことは忘れられません。象徴的な場面でした。

ＦＯＩＰはあくまでもビジョンです。日本一国がそのビジョンを追求するのではなく、共鳴する国々が当事者意識を持ち、自由で開かれたインド太平洋の実現に向けて一緒に協力をしていくという考え方であり、それがポイントだったと思います。結果的に米国、ＡＳＥＡＮ、オーストラリア、インド、イギリス、ドイツ、フランス、イタリア、オランダ、ＥＵといった多数のアクターとこのビジョンを共有することができ、国際社会において幅広い支持を得ることができたと思います。

ただ残念なことは、岸田政権になってからＦＯＩＰの推進に力が入っていないことです。このため、和田議員がＦＯＩＰをバージョン２・０というかたちに進化させた明確なビジョンを打ち出すということは画期的なことだと思います。政府にとっても大いに刺激になり参考になると思います。

インド太平洋戦略２・０の具体的な施策として防衛サプライチェーンの関係構築についても触れられていましたが、権威主義国家と民主主義国家の国家間競争が深刻の度合いを深める中で、サプライチェーンと安全保障の密接化が非常に進んでいます。グローバリゼーションの時代を経て、戦略的な物資、防衛にも関わるような物資のサプライチェーンを中国に依存してきた現状を改善する必要性が認識されているのだと思います。しかし、全てを自国に戻す「リショア」という手段は現実的ではありません。そうした中で、中国への依存度を下げ、万が一の輸入途絶による影響を回避するため、「フレンドショアリング」という、同盟国、友好国など信頼できる国々とサプライチェーンを共有していく取り組みが広がっています。フレンドショアリングの相手として好ましいのは安全保障上の協力関係があることであり、その中核は防衛協力です。つまり、サプライチェーンの強靭性を向上させるためには、多くの国と防衛協力を強化していく必要があるということです。この点はまだ十分に認識されていないと思いますので、インド太平洋戦略2・0でこの点を明示的に打ち出されることは、非常に意義のあることだと思います。

角南篤・笹川平和財団理事長　安倍元首相がＦＯＩＰを表明したときの世界の反応はものすごかったことを記憶しています。私自身は１９８０年代から長い間米国にいましたから日本がバッシングやパッシングされることを直接経験しているのですが、あのときは米国も含め多くの国が安倍氏の構想に賛同の意を示し、日本の外交力がかつてなく影響力を持っていた。しかし、今の岸田政権ではＦＯＩＰという言葉がかつてほど聞かれなくなった。国際情勢が難しい局面である今だからこそ日本がオーナーシップを持って、そして自信を持って世界をリードできるテーマだと考えます。

日本の政治はこれまで、国民の生活の安全と豊かさを守っていくという、国家としての一番の仕事を日米同盟に預けていたきらいがあります。だが、そういうグローバリゼーションを前提にした世界観が通じない時代では、国家としての究極的な部分、つまり安全保障であり国防での協力関係が求められてきています。連携強化によってインド太平洋という枠組みの中での日本の存在感を一段高めることは大変意義のあることです。

例えば、インドやインドネシアという国は国境で常に戦っているし、国内においての宗教を背景とした過激派の活動も絶えません。そういう国の指導者にとって、国民の生命を守ることは最も究極的な国家としての役割です。そこで日本とパートナーを組むことができ、インド太平洋戦略２・０で目指す世界を実現できれば、日本がこの地域で本当の意味でのトラストを基にしたパートナーシップでつながり、それがひいては日本の安全保障を守る環境へとつながると思います。

国と国との信頼関係があってこそパートナーシップを構築することができます。ビジネス上の関係であれば、お互いの利益につながるので、そうした作業もそこまで難しいものではないと思います。しかし国民の生命の安全に関わるよう協力連携ができるかという話になったときに、その関係性が本物のトラストに依拠したものなのかということが問われるでしょう。そのトラストは自然発生的に生まれるわけではありませんので、和田さんのような将来間違いなくリーダーとなるような政治家の方々に、これからの日本にとって戦略的に重要な国々へと実際に足を運んでいただき、向こうのリーダーの方々と直接言葉を交わすことによる信頼構築のプロセスが絶対に欠かせないと思います。

平松賢司・元駐印大使　安倍元首相がＦＯＩＰを表明する2年前、インドのモディ首相と「特別戦略的グローバル・パートナーシップ」に合意をされています。インドとの関係を深化させていく中で、今までアジア太平洋という概念しかなかったものから視野をずっと西に広げてＡＳＥＡＮ、インド洋を巻き込むようなかたちにして、インドを真ん中にするというようなかたちで構想を組み立てられたというふうに思います。ＦＯＩＰ表明後の２０１６年11月にモディ首相が日本に来られて、安倍氏と一緒に新幹線で神戸に向かわれました。その車内で、安倍氏がモディ首相の前に世界地図を広げて、「アジア太平洋、インド太平洋はこのように並んでいて、この海域ではリスクや問題を抱えている。日本とインドは一緒になって協力しなければいけない」と熱心に説かれていた光景は今でも印象に残っています。首脳レベルで戦略観をすり合わせていくなかで、インドもその後ＦＯＩＰ構想に加わり、日米豪印４カ国の枠組みであるＱｕａｄ（クアッド）に参加することにもつながったと思います。

こうした歴史的背景を踏まえると、インド太平洋戦略２・０においてもインドとの関係を徹底的に強化するということが、戦略の実効性を高めることにつながると考えます。数十年先の世界を見通したとき、米中と並びインドがグローバルリーダーの一角を占めることは間違いないと思います。インドは全方位的な外交を信条としていますから、その中で日本あるいは民主主義国家の方になるべく寄せていくということは

極めて重要な作業となります。その重要なメカニズムにインド太平洋戦略2・0はなり得るのではないでしょうか。

島田和久・元防衛事務次官　平松元大使がご指摘の通り、FOIPを支えてきた重要な柱はクアッドでした。安倍元首相は表向きには言っておられませんでしたが、クアッドという枠組みを活用して4カ国の防衛面での協力を深めることが極めて重要だとお考えになっていました。その1つの大きな象徴が、「マラバール」と呼ばれる日米豪印の海上共同訓練です。従来、日本は不定期に参加していましたが、正式なメンバーではなかった。オーストラリアもメンバーではなかったのですが、安倍氏はマラバールを日米豪印の共同訓練として正式なものにすることにものすごく心血を注いでこられた。インドは当初慎重でしたが、モディ首相と膝を詰めて時間をかけて話をした結果として、インドも日本とオーストラリアを正式メンバーにするというかたちになりました。

なぜ、安倍氏が実現に奔走したかというと、FOIPは自由で開かれた海洋秩序の実現を謳うビジョンですが、究極的に海の安全を守るというのは海軍の仕事だからです。インド太平洋地域において、志を同じくする国々の中で、海洋秩序を守れるような「ブルー・ウォーター・ネイビー」を持っているのは、日米豪印の4カ国しかありません。自由で開かれたインド太平洋を支える防衛力という要素を軽視することはできない。もちろん声高に言う必要はありませんが、しかし目に見えるかたちで、実効性のある防衛分野の協力を強化していくというのは、非常に重要だと考えます。

安倍氏が首相の座をご退任なさってから何度か私に言われたことが、クアッドで防衛相会合を開催してほしいということでした。クアッドはこれまで首脳会合と外相会合を実施されていますが、防衛相会合はまだ開かれたことがありません。私の在任中に残念ながら安倍氏の願いを実現できませんでしたが、インド太平洋戦略2・0でインド太平洋諸国ならびにクアッドの国々との防衛分野での連携を深化させることは、こうした安倍氏の想いを具現化する取り組みになるのではないでしょうか。

また、政府の安全保障戦略の基本方針である「国家安全保障戦略（安保戦略）」とインド太平洋戦略2・0の関係性について私なりの考え方を述べさせていただくと、安保戦略の中で、我が国はインド太平洋地域において国際秩序の支え手になると宣言しています。これを理念として掲げていますが、具体性のある取り組みは、自らの防衛力の強化が中心です。外交、経済、技術などを総合してインド太平洋で具体的にどういう手を打っていくかについては明確になっていません。インド太平洋戦略2・0

は、そこの欠けている取り組みの指針になり得るでしょう。インド太平洋地域とＡＳＥＡＮとの防衛協力を大きなツールとして、防衛産業分野の関係を深めていくことが、戦略２・０の核になるのではないかと思います。

また昨今、安保３文書を策定したことでどこか政府内には一服感があり、防衛力強化の部分を除くと、取り組みの具体化にスピードが感じられません。和田議員が描かれているインド太平洋戦略２・０のように、ハードな防衛力を作っていくことに加えた各国とのテーラーメイドの取り組みというのをどうしていくのかということを、政府の中で認識共有し、様々なツールの活用を検討して早期に実行に移していかなければいけないと思います。

和田義明・衆議院議員　防衛大臣補佐官のときにシドニーでインド・パシフィックという防衛装備品の展示会に防衛装備庁として日本の防衛装備を出展しました。日本が会場入口正面に大きなブースを構え、もがみ型護衛艦や多目的ヘリコプター、水中ドローンの模型などを展示しました。安全保障３文書で日本の積極的平和外交の姿勢が示され、日本が防衛装備の海外移転に本腰を入れる本気度を感じ取り、オーストラリアのみならず多くの国の軍人が日本のブースを訪れました。このとき、オーストラリア軍トップと会談しましたが、既に検討が始まっていた複数の共同開発や装備調達案件について熱い意見を交わしました。相手側からは日本との連携を強化したいという強い情熱が伝わってきました。

2023年12月、私の選挙区にある東千歳駐屯地を中心に日米合同指揮所演習「ヤマサクラ」が実施され、総員6000名が参加しました。今回はオーストラリア軍が初めて実戦部隊300名を率いて正式参加。シナリオの中で獅子奮迅の働きをしていました。そのほか、オーストラリア政府関係者との意見交換の中でインド太平洋の平和と安定の重要性、中国人民解放軍が第1列島線（日本‐台湾‐フィリピン‐インドネシアなどを結ぶ線）を超えたらすぐオーストラリアに到達するという地理的危機感を痛切に感じました。こうした安全保障外交を通じて日豪両国の連携強化に向けた熱量がこれまでになく高まっていることを、身をもって実感しました。

さて、平松元大使のお話の中でインドはインド太平洋戦略2・0においても重要な鍵となるパートナー国だというお話が出ました。私が商社マンとしてインドに5年間駐在した経験を踏まえて、また日本とインドの交流促進を目指す「日印友好議員連盟」の事務局長として活動するなかで、インドという国との強固なパートナーシップを確立し、維持することは決して簡単ではないと感じています。インドは独立以来、

「戦略的自立」の外交方針を掲げ、様々な国とその時々に必要に応じて付き合い方を変えていく、非常に巧みな外交手腕を持った国です。いくら政府高官が会談を重ねても、インド政府が自国にとっての「実利」を実感していなかったら優先順位は下がります。我々は相手国の核心的なニーズを分析し、迅速かつ大胆に舵を切らなければなりません。

インドにはすでにスズキやトヨタ自動車など日本の主だった大企業が進出しています。インドからその次は何か？　と期待されている現在、次にインドを魅了できるのは防衛産業だと考えます。２０２２年の安全保障３文書発表を受けて日本の防衛産業は歴史的転機を迎えています。業界には拡大する防衛省のニーズに応えるべく研究開発や生産の体制を急ピッチで拡大し、更には世界の安全保障に貢献するために挑戦している企業も少なくありません。しかし、社内リソース、とりわけ人材の不足に苦慮している企業が多いのが現状です。

インドは世界最大の防衛装備輸入国ですが、歴史的にロシアとのつながりが強く、保有防衛装備の実に約65％がロシア製です。しかしロシアがウクライナを侵略したことや、ロシアがインドと国境紛争を抱える中国に軍事的・経済的に依存している事実を踏まえ、インドは徐々に外交方針を転換してG７との距離を縮めています。その端的な出来事として2023年6月、モディ首相は訪米後の米印首脳会談でGE製戦闘機エンジンをインドで生産することで合意しました。また、2023年7月、モディ首相はフランスを訪れ、ラファール戦闘機と潜水艦の購入を合意。更に2024年1月、フランスのマクロン大統領はインドの共和国記念日に合わせて訪印した際にはモディ首相との首脳会談で防衛装備の共同開発や生産の指針、宇宙防衛パートナーシップ協定に合意しました。安倍元総理は2014年に共和国記念日に合わせて訪印し、異例の大歓迎を受け、日印関係抜本強化のきっかけを作りました。是非日本の首相にもトップセールスをしていただきたいと思います。

また、「人の連携」強化も重要な政策の柱だと考えます。日本の防衛産業は、長らく重工業メーカーなどの防衛部門が日本の自衛隊だけのために開発・製造を行ってきました。政府予算の制約により適正な利益はあがりません。顧客が自衛隊だけですから規模の経済も期待できません。最高レベルの技術は必要とされるので、企業の技術力は蓄積されますが、機密扱いの技術が多くデュアルユースもままなりません。重工業メーカーなどでは経営陣や株主から防衛部門が「お荷物」扱いされることも散見されました。しかし、日本政府の安全保障政策が大きく変わり、国防の意義を正面から訴え、予算も増えたことで防衛産業は俄《にわか》に忙しくなります。継戦能力を急速に高めなければならない緊急事態に直面し、既存の工場の生産キャパシティは一気に一杯になります。工場は2~3年で建て増しが可能かもしれませんが、育成に長時間を要するのが「人材」です。

インドは人口14億人、平均年齢は28歳、労働力が単に豊富なだけではなく、エンジニア大国です。２０２３年8月にはインド宇宙研究機関が打ち上げた無人月面探査機「チャンドラヤーン3号」を世界で初めて月の南極に着陸させました。米国のテック企業、例えばＧｏｏｇｌｅ、ＩＢＭ、アドビなどでもインド人ないしインド系アメリカ人が多数活躍しています。このような優秀な人材と日本の防衛産業とのマッチングには大きな潜在性があると確信しています。

防衛以外の分野でインド政府ともウィン・ウィンの関係を構築できる分野は半導体ではないでしょうか。モディ首相はインド西部のグジャラート州に半導体工場を誘致する計画を発表しており、米国や韓国が大規模な半導体関連の投資を行うことを表明しています。一方、半導体産業を支える育成はまだまだ道半ばです。半導体産業を国策として支援している米国や台湾ですら人材獲得の限界が近づいていると強い危機感を露わにしています。

日本は80年代世界半導体市場の7割を占めていましたが、日米半導体戦争に敗れ、

90年代後半には半導体製造から撤退の憂き目に遭います。しかし2019年頃から経済安全保障の重要性がハイライトされ、日本政府は戦略物資である半導体を再び国策として国内生産する決断をしました。私の選挙区の北海道千歳市で次世代半導体の国産化に取り組む「ラピダス」の工場が建設途中です。インドが自国で半導体人材を育てることも米国で研鑽《けんさん》を積むことも無論可能ですが、日本でインド人若者が日本の若者と切磋琢磨《せっさたくま》して世界最先端の半導体技術やその応用について研究することも十分可能でしょう。

人や技術の交流を通じてお互いが必要とするものを補完し合うことで、切っても切れない絆が生まれてくるのだと思います。もはや日本が一方的に上から目線で何かをしてあげるという時代ではなく、日本にも足りないものがたくさんある中で、「日本はあなたを必要としているのです」ということを伝えながら、真のパートナーシップを築いていくことが大事だと思っております。

平松賢司・元駐印大使　日印の防衛産業分野での関係深化という観点で申し上げると、先端産業を巻き込むようなかたちでの連携について合意できる領域を創出できれば、二国間の関係はまた一段と緊密なものとなり、不可欠性を有したものとなるでしょう。和田さんご指摘の通り、インドはものすごく巧みな外交をします。彼らが今必要としている半導体を含めた先端産業のニーズをいち早く見つけ、日本の防衛産業面における役割というのを認識させることが大事です。ジャイシャンカル外相は、まさにそういった日本の協力を期待していると思います。

具体的なアイディアとしては、日本が主導するかたちでインドに対して多国間による半導体を含めた先端産業に関して投資するスキームを構築したり、防衛産業の連携について集中的に議論する場を作ったりすることができれば、今までの延長線上ではなく、新たな次元での象徴的な意味を持つイニシアチブとなるでしょう。そうした協議の場として参考になるのが、米印が２０２３年に開始した「ｉＣＥＮＴ（Initiative on Critical and Emerging Technology）」という重要・新興技術に関するイニシアチブです。先端技術分野における両国の産学官連携の緊密化を目的としていて、このメカニズムをインド側は評価しています。

日印でもそのような場づくりを行い、官民あげて議論し、具体的な取り組みにつなげていくことは有益でしょう。モディ首相をはじめ現政権は日本に対する温かい感情があります。日本に対する期待感も高いですが、多くの国がインドに目を向けている中で、「日本は他国とはやっぱり違う」というところをうまく見せる努力が必要です。

また、問題提起がありました「人の連携」という観点は、インド太平洋戦略2・0において欠かせないと私も思います。日印関係においてもここは圧倒的に足りていません。特に若い有能な技術を持った産業人材の交流が薄いのが現状です。

例えば、インドの優秀なエンジニアが海外に行くとなるとやはり第一に米国やイギリスが候補となって、日本に来るのはセカンド・ティア、サード・ティアぐらいになっています。半導体や先端分野において、日印の技術者がお互いの産業発展に貢献できる余地は大変大きいと思います。技術者、学者などの交流については、これまで多くの方々にご尽力いただいていますが、抜本的に拡充すべきです。今以上に予算を投下して、政治のリーダーシップの下で積極的にやっていただきたい。これだけ日本とインドとの関係が深まっている中で、産業人材面における交流をどうするかということは、ミッシングピースかもしれません。そしてそのスキームはインドにとどまらず、インド太平洋戦略2・0に共鳴する同志国にも広げられると思います。

和田義明・衆議院議員　2024年3月に来日したインドのジャイシャンカル外相は、都内で開かれたフォーラムで、日印関係について特別戦略的グローバル・パートナーシップや日印物品役務相互提供協定（日印ACSA）の締結、マラバールやダルマガーディアンなどの共同軍事演習などを例示して政治、とりわけ安全保障の分野で深化が顕著に進んだと述べられていました。その一方で経済の分野における人と人との交流が後れていると言及されました。確かにこの点ではまだまだチャンスがあると確信しています。両国の相互利益のために「人の連携」をしっかりと進めて行きたいと思います。

それから、インドはヒマラヤ山脈において中国と3440キロメートルに及ぶ国境線を有しており、しかも国境紛争を抱えています。最近では2020年には印中双方で数十人の死者を出す紛争もありました。領有権問題には第三国が口出しをしないのが外交の不文律ですが、インドの国境防衛の強靭化を支援をすることは日印関係を強化する手段として極めて意義深いと思います。アルナチャルプラデッシュ州を含むインド北東部はチベットやブータンと近いこともあり、我々日本人とも近い東アジアの民族が多く住んでいます。性格も勤勉で温厚な人が多く、文化的にも日本と近い印象があります。しかしこの地域は経済の発展が遅れており、教育や医療の支援が不可欠です。日本で不足している労働力として日本に来ていただくことも考える必要があるでしょう。この地域が発展し、経済基盤が強化され、人口が増えれば、間接的にインド側の存在感を高めることにもなります。

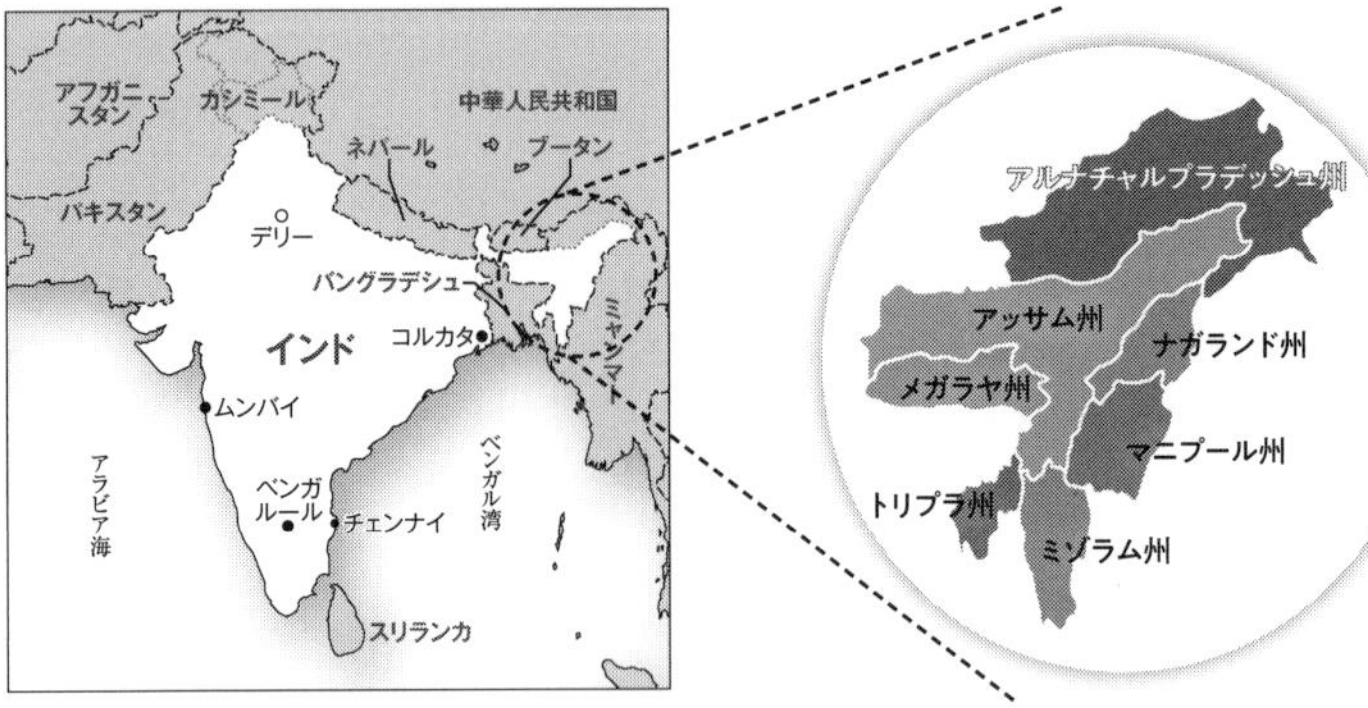

また、印中国境地帯は標高の高い山岳地帯ですから、駐屯するインド軍は厳しい環境に耐えられる建物や衣類などの寒冷地対策や国境地帯に装備や物資を迅速に運ぶための道路などを必要としています。住民のインフラ、軍でも重宝するインフラはＯＤＡだけでなく、政府安全保障能力強化支援（ＯＳＡ）との合わせ技で支援することが地域の利益に合致しますし、インド太平洋地域全体の平和と安定という観点では間接的に日本の国益にもなると考えます。インド太平洋のシーレーンだけではなく、内陸部も含めて戦略的な要衝を探すことも考える必要があると思います。

解説（第３章）

３-１　ＦＯＩＰの概要とその影響

　ＦＯＩＰとはFree and Open Indo-Pacificの頭字語で、「自由で開かれたインド太平洋」を意味する。インド太平洋地域とは、アジア太平洋からインド洋を経て中東・アフリカに至る広大な地域を指し、世界人口の半数を擁する世界の活力の中核である。それと同時に、各国の「力」と「力」が複雑にせめぎ合い、パワーバランスの変化が激しい地域でもある。ＦＯＩＰとはそうした地域において、ルールに基づく国際秩序を構築し、自由貿易や航行の自由、法の支配を通じて開かれたインド太平洋地域を「国際公共財」として発展させる構想だ。

　ＦＯＩＰは、それ以前の空間的な概念であった「アジア太平洋」を捉え直して、インド洋と太平洋の両方にまたがる位置にアジアを据えた点において画期的であり、そ

FOIPの基本的な考え方

■地域全体の平和と繁栄を保障し，いずれの国にも安定と繁栄をもたらすために，ASEANの中心性，一体性を重視し，包括的かつ透明性のある方法で，ルールに基づく国際秩序の確保を通じて，自由で開かれたインド太平洋地域を「国際公共財」として発展させる。こうした考え方に賛同してもらえるのであれば，日本はいずれの国とも協力していく。

■自由で開かれたインド太平洋の実現のための三本柱
①法の支配，航行の自由，自由貿易等の普及・定着
②経済的繁栄の追求（連結性，EPA/FTAや投資協定を含む経済連携の強化）
③平和と安定の確保（海上法執行能力の構築，人道支援・災害救援等）

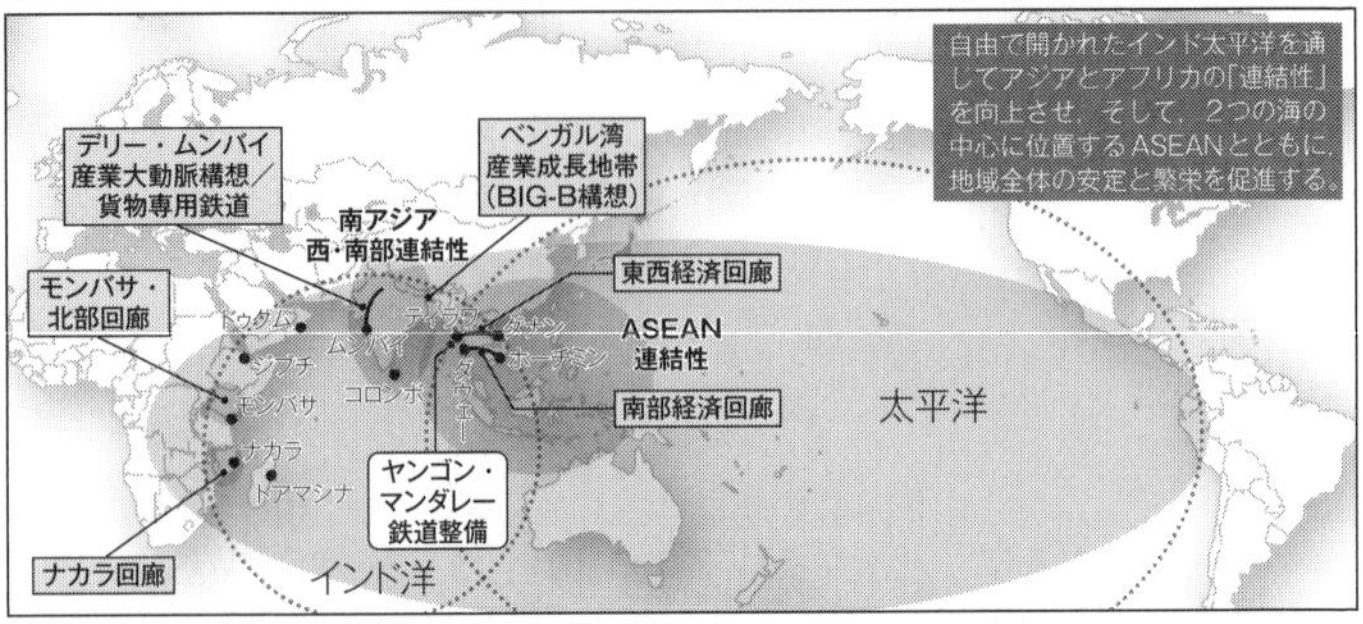

実現に向けての具体化

01 法の支配，航行の自由，自由貿易等の普及・定着

■自由で開かれたインド太平洋の基本原則や考え方を共有する各国との協力
■国際場裡やメディア等での戦略的発信

02 経済的繁栄の追求

■①港湾，鉄道，道路，エネルギー，ICT等の質の高いインフラ整備を通じた「物理的連結性」，②人材育成等による「人的連結性」，③通関円滑化等による「制度的連結性」の強化
⇨東南アジア域内の連結性向上（東西経済回廊，南部経済回廊等），南西アジア域内の連結性向上（インド北東州道路網整備，ベンガル湾産業成長地帯等），東南アジア～南西アジア～中東～東南部アフリカの連結性向上（モンバサ港開発等）
■経済的パートナーシップの強化（FTA/EPAや投資協定等を含む）及びビジネス環境整備

03 平和と安定の確保

■インド太平洋沿岸国への能力構築支援 ⇒ 海上法執行能力や海洋状況把握（MDA）能力の強化，人材育成等
■人道支援・災害救援，海賊対策，テロ対策，不拡散分野等での協力

出所：外務省公表資料000430631.pdf (mofa.go.jp)　000430631.pdf (mofa.go.jp)より抜粋・作成

の後の世界の安全保障観のパラダイムシフトに大きな影響を与えた。ＦＯＩＰは日本発の外交政策である。こうした構想はいつ、どのようにして生まれたのか。時系列に沿ってその経緯を辿ってみたい。

２００７年８月22日、当時の安倍晋三首相はインドの国会で「二つの海の交わり（Confluence of the Two Seas）」と題する演説を行った。

「日本外交は今、ユーラシア大陸の外延に沿って『自由と繁栄の弧』と呼べる一円ができるよう、随所でいろいろな構想を進めています。日本とインドの戦略的グローバル・パートナーシップとは、まさしくそのような営みにおいて、要《かなめ》をなすものです。日本とインドが結びつくことによって、『拡大アジア』は米国や豪州を巻き込み、**太平洋全域にまで及ぶ広大なネットワークへと成長するでしょう。開かれて透明な、ヒトとモノ、資本と知恵が自在に行き来するネットワークです。**

ここに自由を、繁栄を追い求めていくことこそは、我々両民主主義国家が担うべき大切な役割だとは言えないでしょうか。

また共に海洋国家であるインドと日本は、シーレーンの安全に死活的利益を託す国です。ここでシーレーンとは、世界経済にとって最も重要な、海上輸送路のことであるのは言うまでもありません。
志を同じくする諸国と力を合わせつつ、これの保全という、私たちに課せられた重責を、これからは共に担っていこうではありませんか」

出所：外務省 https://www.mofa.go.jp/mofaj/press/enzetsu/19/eabe_0822.html

短命に終わった第1次政権から5年を経て、首相の座に返り咲いた安倍元首相は、2013年に「開かれた、海の恵み—日本外交の新たな5原則—」と題する演説原稿を外務省ホームページに掲載した。当初、首相就任後初の外遊先である東南アジア3カ国（ベトナム、タイ、インドネシア）のジャカルタで演説が実施される予定であったが、アルジェリアの人質事件対応のため急遽帰国し中止となったため、ホームページ上に公開されるかたちとなった。演説原稿には、安倍氏の開かれた海への思いが記されている。

「日本の国益とは、万古不易・未来永劫、アジアの海を徹底してオープンなものとし、自由で、平和なものとするところにあります。法の支配が貫徹する、世界・人類の公共財として、保ち続けるところにあります。

わが日本は、まさしくこの目的を達するため、20世紀の後半から今日まで、一貫して2つのことに力をそそいでまいりました。それは、海に囲まれ、海によって生き、海の安全を自らの安全と考える、日本という国の地理的必然でありました。時代が移ろうとも、変わりようはないのであります。

2つのうち1つは、米国との同盟です。世界最大の海洋勢力であり、経済大国である米国と、アジア最大の海洋民主主義であって、自由資本主義国として米国に次ぐ経済を擁《よう》する日本とは、パートナーをなすのが理の当然であります。

いま米国自身が、インド洋から太平洋へかけ2つの海が交わるところ、まさしく、われわれがいま立つこの場所へ重心を移しつつあるとき、日米同盟は、かつてにも増して、重要な意義を帯びてまいります。

わたくしは、2つの大洋を、おだやかなる結合として、世の人すべてに、幸いをもたらす場と成すために、いまこそ日米同盟にいっそうの力と、役割を与えなくてはならない、そのため我が国として、これまで以上の努力と、新たな工夫、創意をそそがねばならないと考えています。

これからは日米同盟に、安全と、繁栄をともに担保する、2つの海にまたがるネットワークとしての広がりを与えなくてはなりません。米国がもつ同盟・パートナー諸国と日本との結び合いは、我が国にとって、かつてない大切さを帯びることになります」

出所：外務省　https://www.mofa.go.jp/mofaj/press/enzetsu/25/abe_0118j.html

更に2014年には第13回アジア安全保障会議の基調講演にて、以下のように述べている。

「この広い、太平洋、インド洋のように、私たちの可能性は、どこまでも広がっています。私たちの子、孫の世代まで、その恩恵に浴せるよう、平和を、確固たるものにしなくてはなりません。安定を、もたらさなくてはならないのです。

そのために、すべての国が、国際法を遵守しなければなりません。

日本は、ASEAN各国の、海や、空の安全を保ち、航行の自由、飛行の自由をよく保全しようとする努力に対し、支援を惜しみません。

アジアと世界の平和を確かなものとしていくうえで、日本は、これまでにも増した、積極的な役割を果たす覚悟があります。

日本の新しい旗、『積極的平和主義』について、ASEAN加盟国すべての指導者、米国や豪州、インドや英国、フランスといった盟邦、友邦諸国指導者の皆さまから、すでに明確で、熱意ある支持をいただいています。

――日本は、法の支配のために。アジアは、法の支配のために。そして法の支配は、われわれすべてのために。アジアの平和と繁栄よ、とこしえなれ」

出所：外務省　https://www.mofa.go.jp/mofaj/fp/nsp/page4_000496.html

ＦＯＩＰの生みの親である安倍元首相は、第１次政権の時点ですでにＦＯＩＰの素地を形成していたことがうかがえる。その構想は第２次政権でも引き継がれ、明確に世界に向けて提唱されたのは２０１６年のケニア・ナイロビで開催されたアフリカ開発会議（ＴＩＣＡＤ）での基調演説においてだとされている。

「アジアの海とインド洋を越え、ナイロビに来ると、アジアとアフリカをつなぐのは、海の道だとよくわかります。

世界に安定、繁栄を与えるのは、自由で開かれた2つの大洋、2つの大陸の結合が生む、偉大な躍動にほかなりません。

日本は、太平洋とインド洋、アジアとアフリカの交わりを、力や威圧と無縁で、自由と、法の支配、市場経済を重んじる場として育て、豊かにする責任をにないます。両大陸をつなぐ海を、平和な、ルールの支配する海とするため、アフリカの皆さまと一緒に働きたい。それが日本の願いです。

大洋を渡る風は、わたしたちの目を未来に向けます。

サプライチェーンはもう、アジアとアフリカに、あたかも巨大な橋を架け、産業の知恵を伝えつつある。アジアはいまや、他のどこより多く、民主主義人口を抱えています。

アジアで根づいた民主主義、法の支配、市場経済のもとでの成長――、それらの生んだ自信と責任意識が、やさしい風とともにアフリカ全土を包むこと。それがわたしの願いです。

アジアからアフリカに及ぶ一帯を、成長と繁栄の大動脈にしようではありませんか。アフリカと日本と、構想を共有し、共に進めていきましょう」

出所：外務省 https://www.mofa.go.jp/mofaj/afr/af2/page4_002268.html

そして2023年、岸田文雄首相はインド世界問題評議会（ICWA）政策スピーチにて、「自由で開かれたインド太平洋」のための日本の新たなプランを発表。「平和の原則と繁栄のルール」、「インド太平洋流の課題対処」、「多層的な連結性」、「『海』から『空』へ拡がる安全保障・安全利用の取組」をFOIP協力の新たな4つの柱として、さらなる取り組みの強化を表明した。

「この地、インドで、『自由で開かれたインド太平洋』についてお話しするということに、私は運命的なめぐりあわせを感じざるを得ません。皆さんもご存じの通り、『自由で開かれたインド太平洋』、FOIPは、尊敬すべき友人でもある安倍晋三元総理が提唱されたものです。

2007年に安倍元総理が、この地において、太平洋とインド洋を初めて結びつけるスピーチを行いました。インドはFOIPの始まりの地です。私もまた、2015年に外務大臣として、この地を訪れ、本日と同じICWA主催の場で講演しました。

そして、『インド太平洋の時代』において、日本とインドが共にこの地域と世界を牽引していきたいということについてお話しました。2016年には、安倍元総理が『自由で開かれたインド太平洋』のビジョンを提唱しました。それから7年、国際社会には、新型コロナのパンデミック、ロシアのウクライナ侵略など、パラダイムシフトとも言うべき大きな出来事がありました。本日、私はFOIPのビジョンを更に発展させ、インド太平洋の未来のために日本がいかに取り組んでいくのかについてお話ししたいと思います。

私が今回申し上げたいことは、以下の2点です。

（ア）第一には、なぜ今、FOIPを発展させる必要があるのか。それは、国際社会が歴史的な転換期にある今、FOIPが持つ考え方を再度明確化して、放置すれば分断と対立に向かいかねない国際社会が共有するべき考え方を提供したいということです。

（イ）第二に、FOIPの協力を拡充していくことです。ロシアのウクライナ侵略により、私たちは、平和を守るという最も根源的な課題を突きつけられています。また、気候・環境、国際保健、サイバー空間などの『国際公共財』に関連する様々な課題も一層深刻となっています。私は、こうした平和、そして地球規模の国際公共財に関わる諸課題への対処という新たな要素をＦＯＩＰに取り込んでいく考えです。また、従来ＦＯＩＰが焦点を当ててきた連結性や海洋の自由という分野でも新たな取り組みを始めたいと考えます」

出所：外務省 mofa.go.jp/mofaj/files/100477738.pdf

ＦＯＩＰが国際的な支持を得られた背景には何があったのか。

まず第1に、中国の影響力拡大によるパワーバランスの変化がある。この変化が起きた時期は、中国の外交が従来の「韜光養晦《とうこうようかい》」を標傍した協調外交から、「核心的利益」を中心とした国益の追求を前面に出した大国外交へと変化した時期と重なる。外交方針の転換をもたらした最大の要因は、２００８年9月に米国を震源地とするリーマン・ショックを契機に深刻化した世界的な金融危機だと言えるだろう。世界経済は２００９年を底に回復へと向かったものの、リーマン・ショックの発生からわずか1年余りの２００９年10月にギリシャ債務問題が顕在化し、欧州債務危機へと発展した。一方で、中国は4兆元（当時の換算で57兆円）の景気対策を行うことで経済の持続的な成長を実現。これら一連の危機によって深刻なダメージを受けた欧米経済に代わり、国際社会において中国の存在感が増した。

中国の経済的な国際競争力が相対的に強化されたことは、超大国である米国との競争に自信を深めることへとつながった。こうした中国の認識の変化に伴い、外交政策においても南シナ海や東シナ海における領有権の主張、両海域における中国公船の活動の活発化など主権に関わる問題についての強硬姿勢が表面化するようになった。その結果、日本だけでなく南シナ海問題の係争国である一部のＡＳＥＡＮ諸国の間でも中国に対する脅威認識が拡大し、海洋安全保障への関心が必然的に高まっていった。

ＦＯＩＰは法の支配などの理念に賛同するのであれば、どの国にも開かれており、中国もその例外ではないとしている。そうした中国を包摂したスキームとしたことで、中国との距離感が国によって様々であるＡＳＥＡＮにおいても採用できる外交方針となったことは重要な点である。この理念に同意したＡＳＥＡＮは２０１９年、開放性や透明性、国際法を尊重するなどとした独自のインド太平洋構想「アセアン・アウトルック」を打ち出した。

第２は、「世界の警察官」として既存の国際秩序を支えてきた米国の安全保障戦略の方針転換である。米国はオバマ政権時代の２０１３年に「米国は世界の警察となる

●FOIPをめぐる主要な動き

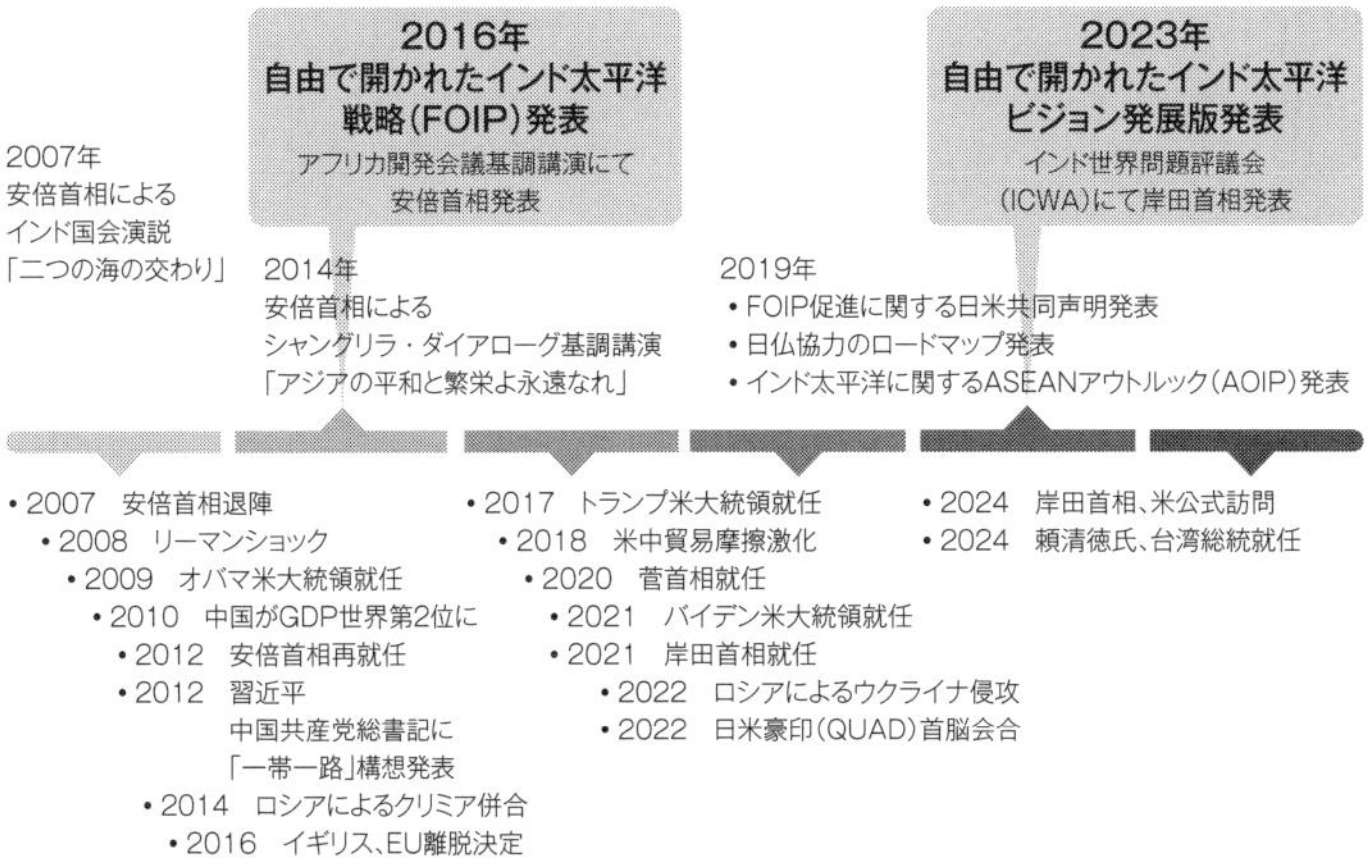

出所：外務省、その他各省庁、各国公開情報より収集・作成

べきではない」と宣言するとともに、中国との対抗に資源を集中させる戦略に舵を切った。ＦＯＩＰが打ち出された翌年の２０１７年に誕生したトランプ政権下では、国家安全保障戦略（ＮＳＳ２０１７）において中国などとの大国間競争を前提としたうえで、インド太平洋地域に関する記述でＦＯＩＰに言及。米国政府の各省庁はＮＳＳに基づきＦＯＩＰを追求することとなり、日本発の外交構想は着実に浸透していった。

その象徴的な出来事として、国防総省が２０１８年に「太平洋軍」としていた名称を「インド太平洋軍」に変更すると明らかにし、インド洋の周辺国との関係を強化していく方針を示したことが挙げられる。

トランプ政権を継いだバイデン政権の発足当初においては、「繁栄し、安全な（prosperous and secure）インド太平洋」と表現され、トランプ色を嫌う新政権がＦＯＩＰの文言を変更するのではないかと一時懸念されたが、その後ＦＯＩＰを継承することが日米首脳によって確認されている。米国がＦＯＩＰを外交方針として採用したこともあり、イギリスやフランス、ドイツ、オランダといったインド太平洋と直接かかわりがない国が多い欧州においても、インド太平洋地域の安全保障などに積極的に関与する姿勢が相次いで打ち出されることになった。

3-2　インド太平洋地域の主要各国概要と日本のかかわり

ここではインド太平洋地域に位置する国の中から、日本にとって戦略的に重要なパートナーとなり得るインド、インドネシア、フィリピン、ベトナム、オーストラリア各国の概要を簡単に見ていきたい。

インド共和国

インドは１９４７年に英国から独立した共和国である。現在の首相はナレンドラ・モディ氏。２０２４年４～６月に実施された総選挙において３選を決めた。しかし、与党インド人民党（ＢＪＰ）は前回の選挙から議席を63減らし、連立を組む他の政党の議席を足してなんとか過半数を維持した格好で、求心力の低下も懸念されている。

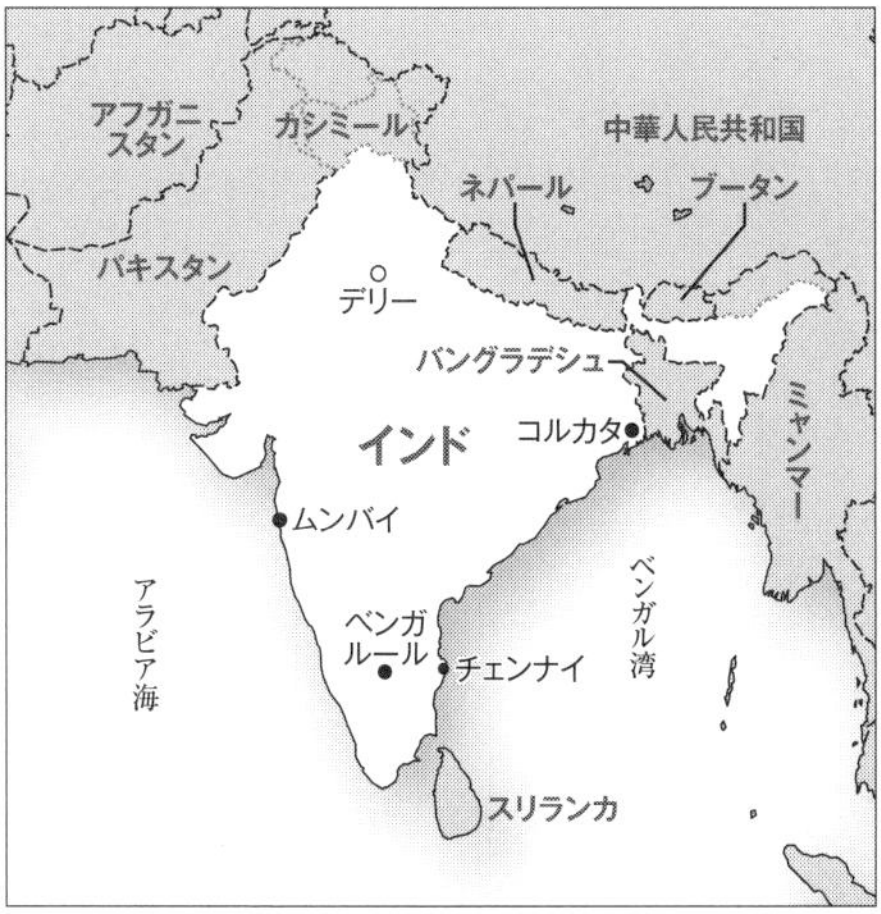

内政では、ＧＤＰを世界５位にまで引き上げるなど高い経済成長を実現したが、若者の失業や経済格差が深刻化しており、足元では多くの課題を抱えている。外交では、国境を接している中国、パキスタンとは国境問題を抱えており度々軍事衝突が発生している。伝統的に非同盟、全方位外交を志向しているが、独立直後は社会主義だったことから、旧ソ連との関係性が深く、軍事装備面ではロシアへの依存度が高い。しかし近年はアジア太平洋各国との関係性を強化しており、兵器調達の多角化を推進している。

インドネシア共和国

インドネシアは第２次世界大戦後、オランダからの独立戦争を経て１９４９年に独立した共和国である。世界最大のイスラム人口を抱える東南アジア地域の大国であり、世界最大の群島国家である。

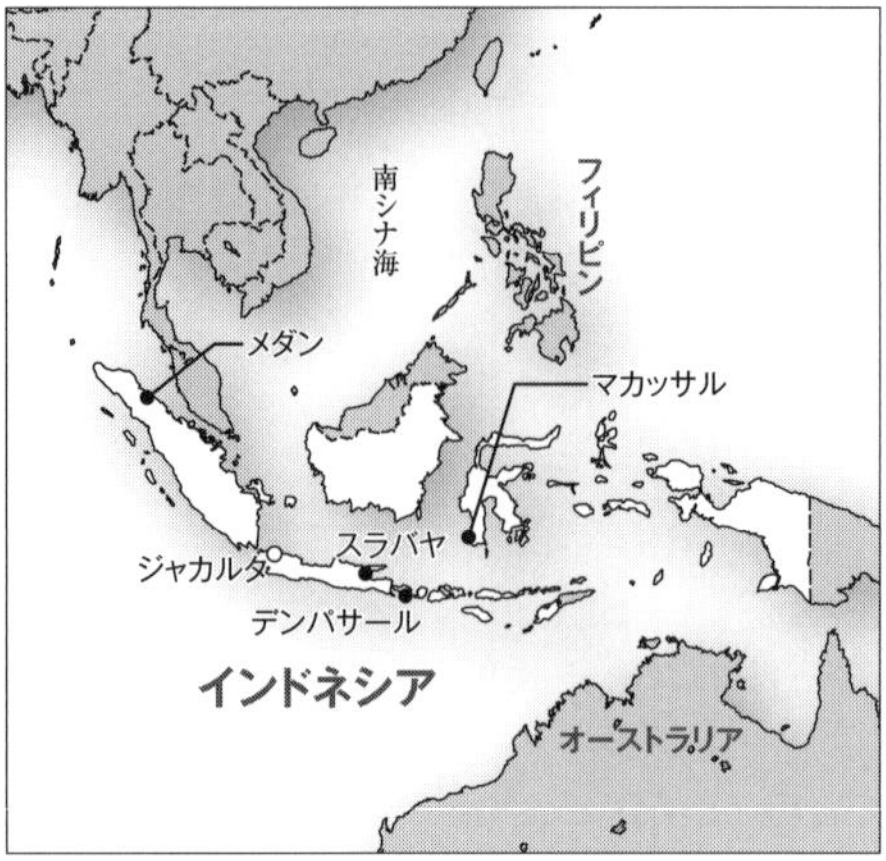

２０２４年10月にプラボウォ国防相が大統領に就任する。外交は伝統的、歴史的に非同盟主義をとり、昨今も超大国である米中どちらにもくみしない「ノンブロック」の立場をとる。ＡＳＥＡＮ唯一のＧ20参加国であり中心的立場にあることからも、「本当の安全は、隣人との良好な関係がもたらす」（プラボウォ国防相）として、ＡＳＥＡＮなど隣国との関係を最重視する。

南シナ海の沿岸国でもあり、中国とは海洋権益をめぐる対立を抱える。米軍とは２００７年から大規模な軍事演習を行い、兵器の調達先は西側諸国がその多くを占める。プラボウォ国防相は2024年の大統領選で、「南シナ海での現状は、より強力な防衛力が必要だということを示している」との認識を示すなどした。

フィリピン共和国

フィリピンはスペイン、米国による統治を経て1946年に独立した共和国である。昨今は対外政策が政権交代毎に大きく変化しており、ドゥテルテ政権時には前政権の方針から180度転換し、米国と距離を置く一方で中国に急接近した。マルコス現政権下においてもドゥテルテ政権の外交姿勢から、親米路線へとシフトしている。

中国とは、南シナ海のスプラトリー（南沙）諸島でフィリピンが実効支配するアユンギン礁周辺で双方の船が衝突するなど緊迫した状況が続いている。2023年にはフィリピンの巡視船が中国公船からレーザーを照射され、乗員が一時失明する事件が発生。このころを境に、マルコス政権は安全保障面で米国との関係強化を加速させた。２０２４年４月には、米ワシントンで初の日米比３カ国首脳会談が開かれた。

米国の同盟国である日本との連携強化も進んでおり、自衛隊からは海洋警備を強化する警戒管制レーダーの供与を受けることが決まっているほか、自衛隊とフィリピン軍の相互往来を促進する円滑化協定（ＲＡＡ）の締結も目指している。

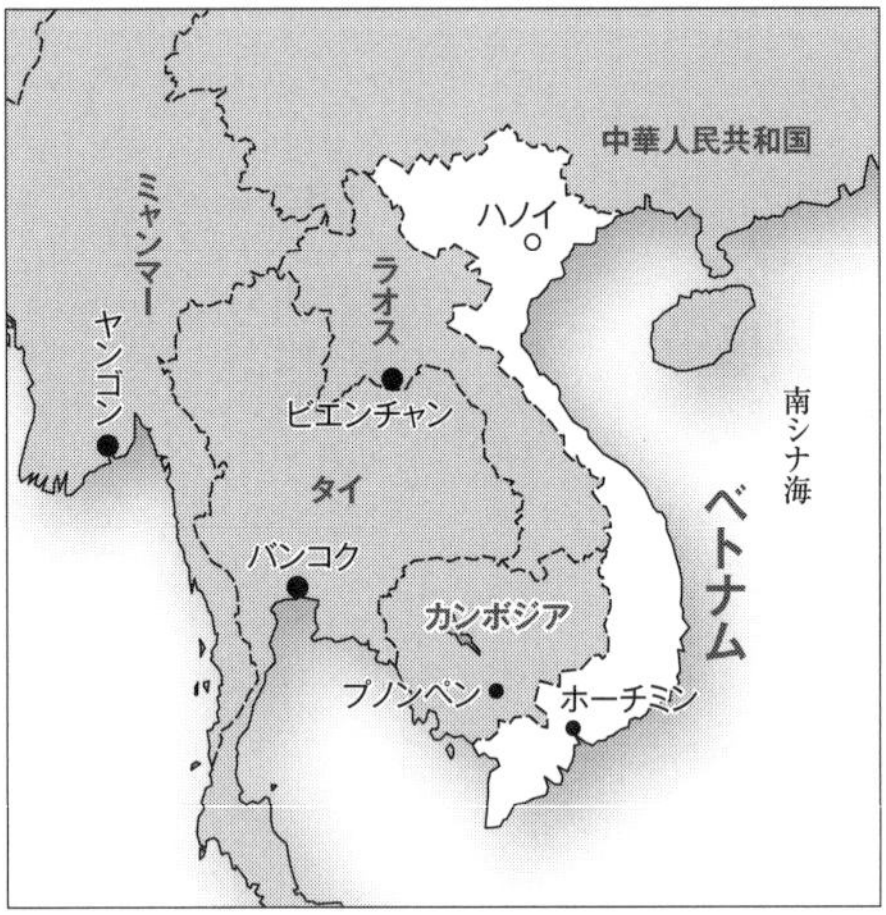

ベトナム社会主義共和国

ベトナムは１９４５年にフランスから独立後、南北に分割、米国との戦争を経て１９７６年に南北統合、社会主義共和国として現在に至る。

近年、自らの外交スタイルを「竹（のようにしなやかな）外交」と形容する。その基本姿勢は全方位外交で、特定の国に与《くみ》することなく戦略的自律性を維持することを目標としている。

２０２３年には中国の習近平国家主席が６年ぶりにベトナムを訪問し、最高権力者のグエン・フー・チョン共産党書記長と37項目にわたる協力文書に合意。南シナ海での領有権をめぐって対立を深めているが、台湾についてはベトナムが「１つの中国」原則の確固たる支持を表明し、台湾は中国領土の一部であることを認めた。一方、習氏の訪越に先立ち行われた米国との首脳会談では、包括的戦略パートナーシップの締結で合意した。両国は包括的パートナーシップを結んではいるが、その次の段階である戦略的パートナーシップを飛ばした２段階格上げとなる異例の措置であった。

オーストラリア連邦

オーストラリアは日本の約20倍の国土面積を持ち、イギリスのチャールズ国王を元首とする立憲君主制国である。インド太平洋地域を重視する方針を打ち出しており、２０２０年からの10年間で約２７００億豪ドル（当時換算で約20兆円）を豪軍の能力向上に投資するとしている。この投資の中には、インド太平洋における侵攻を抑止または対処するための新たな長距離攻撃能力の獲得も含まれている。２０２１年には米英豪による安全保障の枠組み「ＡＵＫＵＳ」を設立し、連携強化を図っている。

中国が最大の貿易相手国である。しかし、中国による対内投資や内政干渉を契機に、2017年ごろから豪州内で中国に対する経済安全保障・政治上の懸念が高まり、近年は外国投資規制を相次いで強化している。更に、2020年にモリソン前政権が新型コロナウイルスの発生源について世界保健機関（WHO）から独立した調査を求めたのを受け、中国はワインや大麦などの豪州産品に貿易制裁を課すなど報復したことで、豪中関係は決定的に悪化した。

地図の出所：外務省 https://www.mofa.go.jp/mofaj/area/index.html

インド太平洋地域で日本のＯＤＡが果たしてきた役割

ＯＤＡとはOfficial Development Assistanceの頭字語であり、政府開発援助を意味する。「開発途上地域の開発を主たる目的とする政府及び政府関係機関による国際協力活動」のための公的資金がＯＤＡと呼ばれている。ＯＤＡには大きく分けて、開発途上地域を直接支援する**二国間援助**と、国際機関等に対して拠出・出資する**多国間援助**の２種類がある。また援助方法としても**贈与**と**政府貸付等**（有償資金協力）の２種類がある。二国間援助における贈与の場合、返済義務を課さない**無償資金援助**と日本の知見を活かし人材の育成を行う**技術協力**があり、有償資金協力の場合には、低金利・長期返済期間での貸付である借款と民間セクター向けの海外投融資がある。

２０２３年版ＯＤＡ白書によれば、２０２２年の日本のＯＤＡ実績は約１７４億９９９４万ドル（約２兆３０００億円）で、米国とドイツに次ぎ第３位となっている。（ＯＥＣＤデータベース）（OECD.Stat）（２０２３年12月）

地域別での実績では、アジアが最も多く約１０９億９７３６万ドルと全体の56％を占めている。次いで中東・北アフリカで約23億５４３１万ドル（12％）、サブサハラ・

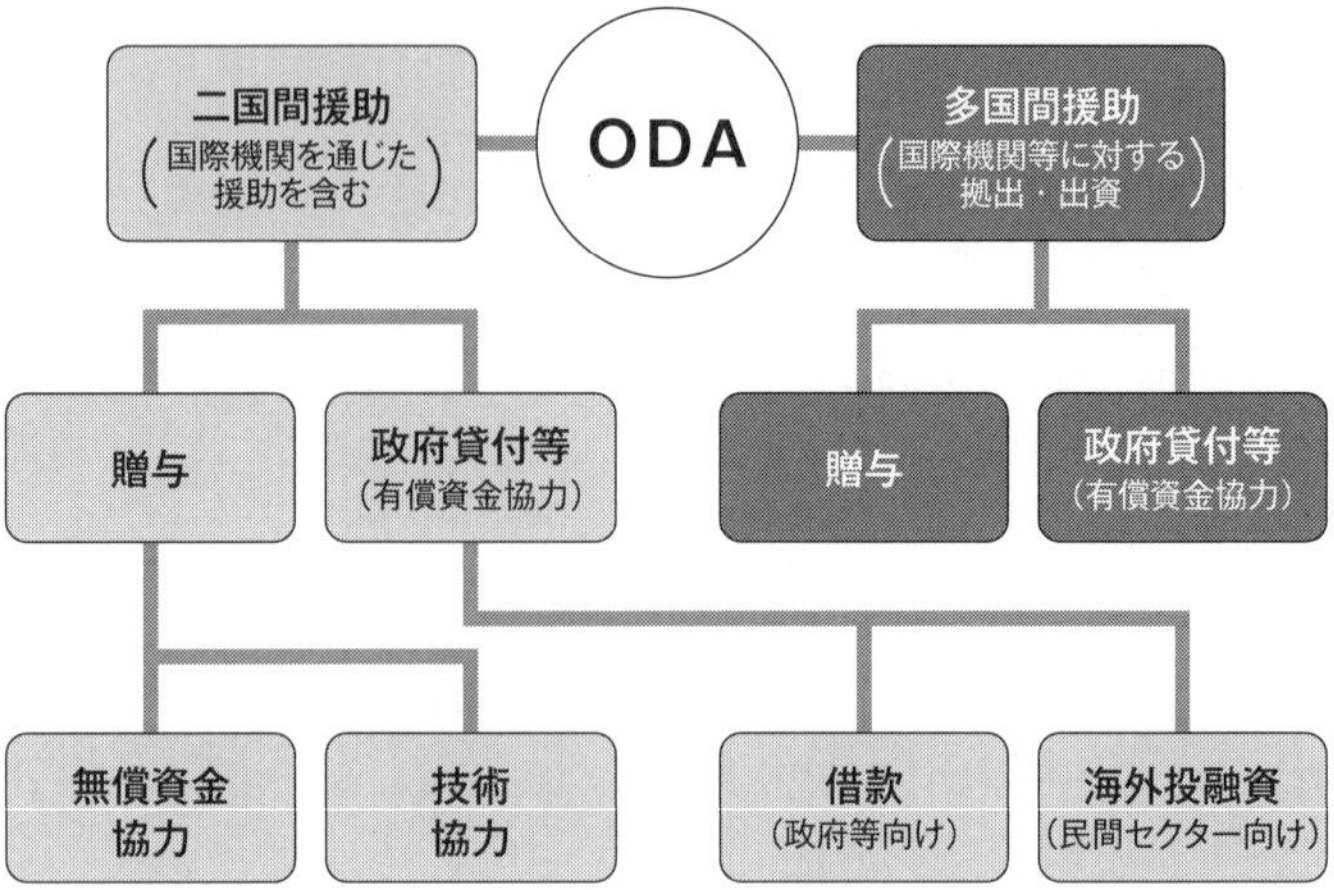

出所：外務省 https://www.mofa.go.jp/mofaj/gaiko/oda/press/shiryo/pagew_000001_00112.html

●日本のODA実績内訳

（支払純額及び支払総額ベース、単位：百万ドル）

暦年			2017年	2018年	2019年	2020年	2021年	累計
ODA	贈与	無償資金協力	401.66 (15.4)	395.82 (15.0)	424.58 (16.6)	413.08 (13.5)	528.64 (16.2)	19,628.65
		（うち国際機関を通じた贈与）	49.54 (3.7)	36.00 (2.7)	63.81 (5.5)	107.71 (6.0)	148.80 (7.1)	809.41
		技術協力	438.69 (15.2)	413.28 (15.6)	418.44 (15.4)	301.82 (12.6)	265.70 (11.0)	26,144.65
		贈与計	840.35 (15.3)	809.10 (15.3)	843.02 (16.0)	714.90 (13.1)	794.34 (14.0)	45,773.30
	政府貸付等支出総額		3,047.27 (31.8)	2,282.06 (28.5)	2,957.58 (31.5)	4,459.05 (39.1)	3,109.65 (25.6)	138,501.76
	〈政府貸付等支出純額〉		〈－ 883.42〉	〈－ 2,174.12〉	〈－ 1,395.05〉	〈686.41〉	〈－ 505.73〉	〈34,926.27〉
政府開発援助計支出総額（ODA計）			3,887.62 (25.8)	3,091.17 (23.3)	3,800.60 (25.9)	5,173.95 (30.6)	3,903.99 (21.9)	184,275.07
〈政府開発援助計支出純額（ODA計）〉			〈－ 43.07〉	〈－ 1,365.01〉	〈－ 552.03〉	〈1,401.31〉 〈(13.7)〉	〈288.61〉 〈(2.5)〉	〈80,099.58〉

アフリカには約16億７７３４万ドル（８・５％）となっている。

出所：外務省　２０２３年版ＯＤＡ白書
https://www.mofa.go.jp/mofaj/gaiko/oda/press/shiryo/pagew_000001_00112.html

インド太平洋地域においては、東アジア・東南アジア地域、贈与だけでも毎年7億～8億ドルの援助を行っていることが分かる。

また、無償資金協力と技術協力における過去5年間の実績は１６８ページから１７２ページの表の通りとなっており、各国の様々なインフラ、経済活動を支えていることが見て取れる。

●国別無償資金協力実績（過去5年）

対象国	案件名	実施年度	供与限度額
インド	ヴァラナシ国際協力・コンベンションセンター建設計画	2017年度	22.4
インド	ベンガルール中心地区高度交通情報及び管理システム導入計画	2017年度	12.8
インド	第二次ヴァラナシ国際協力・コンベンションセンター建設計画	2018年度	8
インド	経済社会開発計画	2020年度	10
インド	アンダマン・ニコバル諸島における電力供給能力向上計画	2020年度	40.2
インド	ジャパンプラットフォーム（JPF）を通じた人道支援	2021年度	0.4
インド	草の根・人間の安全 保障無償	2021年度	0.38
インド	コールドチェーン整備のための緊急無償資金協力（UNICEF連携）	2021年度	10
インド	新型コロナ対応のための緊急無償資金協力（UNOPS連携）	2021年度	35.96
インドネシア	経済社会開発計画	2017年度	5
インドネシア	離島における水産セクター開発計画	2018年度	25
インドネシア	防災情報システム強化計画	2019年度	19.9
インドネシア	経済社会開発計画	2019年度	6
インドネシア	中部スラウェシ州パル第四橋再建計画	2019年度	25
インドネシア	離島開発及び漁業監視能力強化計画	2019年度	22
インドネシア	第二次離島における水産セクター開発計画	2019年度	30
インドネシア	経済社会開発計画	2020年度	20
インドネシア	草の根・人間の安全 保障無償	2021年度	0.62
インドネシア	日本NGO連携無償	2021年度	1.9
インドネシア	ジャパンプラット フォーム（JPF）を通じ た人道支援	2021年度	0.37
インドネシア	新型コロナ対応のための緊急無償資金協力（UNOPS連携）	2021年度	6.05
ベトナム	経済社会開発計画	2016年度	5.0
ベトナム	人材育成奨学計画	2016年度	3.9
ベトナム	経済社会開発計画	2016年度	3

対象国	案件名	実施年度	供与限度額
ベトナム	経済社会開発計画	2016年度	3
ベトナム	水に関連する災害管理情報システムを用いた緊急のダムの運用および効果的な洪水管理計画	2017年度	18.4
ベトナム	人材育成奨学計画	2017年度	7.4
ベトナム	人材育成奨学計画（三年型）	2017年度	3.4
ベトナム	ホーチミン市非開削下水道管路更生計画	2018年度	18.8
ベトナム	人材育成奨学計画	2018年度	7.5
ベトナム	農業・水産食品の安全確保のための検査・農産食品品質コンサルティングセンター能力強化計画	2018年度	12
ベトナム	人材育成奨学計画	2019年度	7.5
ベトナム	経済社会開発計画	2019年度	3
ベトナム	経済社会開発計画	2019年度	5
ベトナム	メコン川流域洪水・渇水対策計画（MRC連携）（カンボジア、タイ、ベトナム及びラオス対象）	2019年度	4.1
ベトナム	経済社会開発計画	2020年度	20
ベトナム	人材育成奨学計画	2020年度	7.7
ベトナム	経済社会開発計画	2020年度	3
ベトナム	メコン河流域洪水対策能力強化計画（MRC連携）	2020年度	3
フィリピン	国民テレビ放送網番組ソフト整備計画（一般文化無償資金協力）	2016年度	0.4
フィリピン	人材育成奨学計画	2016年度	2.7
フィリピン	経済社会開発計画	2016年度	6
フィリピン	紛争の影響を受けたミンダナオの子供のための平和構築及び教育支援計画	2016年度	7.3
フィリピン	違法薬物使用者治療強化計画	2016年度	18.5
フィリピン	経済社会開発計画	2016年度	5
フィリピン	バンサモロ地域配電網機材整備計画	2016年度	7.7
フィリピン	人材育成奨学計画	2017年度	2.6
フィリピン	経済社会開発計画	2017年度	25
フィリピン	マラウィ復興のための住居建設及び生活支援を通じたコミュニティ開発計画（UN連携/UN-Habitat実施）	2017年度	11
フィリピン	マラウィ市及び周辺地域における復旧・復興支援計画	2017年度	20
フィリピン	ダバオ市エネルギー回収型廃棄物処理施設整備計画	2017年度	50.1
フィリピン	カガヤン・デ・オロ川流域洪水予警報システム改善計画	2018年度	12.8
フィリピン	人材育成奨学計画	2018年度	3.3
フィリピン	人材育成奨学計画（三年型）	2018年度	2.4

対象国	案件名	実施年度	供与限度額
フィリピン	経済社会開発計画	2018年度	12
フィリピン	経済社会開発計画	2018年度	5.6
フィリピン	バンサモロ地域社会経済インフラ緊急整備計画	2018年度	18
フィリピン	ミンダナオにおける和平の確立のための水道設備管理能力向上計画（ILO連携）	2018年度	3
フィリピン	ミンダナオにおける和平の確立のための農業訓練計画（FAO連携）	2018年度	2
フィリピン	メトロセブ水道区汚泥管理計画	2019年度	20.5
フィリピン	元女性兵士の社会復帰等支援のためのバンサモロ暫定自治政府の能力開発計画（UNFPA連携）	2019年度	1.5
フィリピン	離島地域の保健医療サービス強化のためのバンサモロ暫定自治政府の能力開発計画（IOM連携）	2019年度	2.3
フィリピン	経済社会開発計画	2020年度	8
フィリピン	経済社会開発計画	2020年度	20
フィリピン	人材育成奨学計画	2020年度	3.4
フィリピン	フィリピンにおける台風被害に 対する緊急無償資金協力 （UNHCR連携）	2021年度	0.18
フィリピン	メトロセブ水道区汚泥管理計 画	2021年度	14.45
フィリピン	新型コロナウイルス感染症危 機対応緊急支援計	2021年度	6.87
フィリピン	食糧援助（WFP連携）	2021年度	3.5
フィリピン	草の根文化無償	2021年度	0.14
フィリピン	人材育成奨学計画	2021年度	3.3
フィリピン	草の根・人間の安全 保障無償	2021年度	0.58
フィリピン	日本NGO連携無償	2021年度	0.83
フィリピン	ジャパンプラット フォーム（JPF）を通じた人道支援	2021年度	1.2
ベトナム	子どものための災害リスク 及び気候変動に対する強靭性 強化計画（UNICEF連携）	2021年度	6.34
ベトナム	人材育成奨学計	2021年度	7.6
ベトナム	経済社会開発計画	2021年度	19
ベトナム	草の根文化無償	2021年度	0.09
ベトナム	草の根・人間の安全 保障無償	2021年度	2.33
ベトナム	日本NGO連携無償	2021年度	2.03

●国別技術協力実績

対象国	案件名	実施期間
インド	新型コロナウイルス感染拡大予防能力向上プロジェクト	21.08-22.09
インド	インド工科大学ハイデラバード校日印産学研究ネットワーク構築支援プロジェクト　フェーズ2	21.12-27.05
インドネシア	ガジャマダ大学フィールドリサーチセンターにおけるオープンイノベーション促進を通じた産官学地連携拡充プロジェクト	21.04-23.04
インドネシア	感染症早期警戒対応能力強化プロジェクト	21.06-25.06
インドネシア	官民協力による農産物流通システム改善プロジェクトフェーズ2	21.06-25.06
インドネシア	ビジネス環境改善のためのドラフターの能力向上及び紛争解決機能強化プロジェクト	21.10-25.09
インドネシア	新型コロナウイルス感染症流行下における遠隔技術を活用した集中治療能力強化プロジェクト	21.10-24.04
インドネシア	新型コロナウイルス及びその他感染症ワクチン管理能力強化プロジェクト	21.10-22.12
インドネシア	離島における持続的水産開発促進プロジェク	22.01-25.10
インドネシア	地震・津波観測及び情報発信能力向上プロジェクト	22.02-25.02
フィリピン	新型コロナウイルスワクチンコールドチェーンおよびロジスティクス支援プロジェクト	22.01-22.08
フィリピン	園芸作物におけるフードバリューチェーン改善プロジェクト	22.02-28.02
ベトナム	国際財務報告基準（IFRS）導入支援プロジェクト	21.04-24.04

対象国	案件名	実施期間
ベトナム	持続的自然資源管理強化 プロジェクト フェーズ2	21.05-25.05
ベトナム	パリ協定に係る「自国が決 定する貢献(NDC)」実施支 援プロジェクト	21.06-24.06
ベトナム	フエ中央病院新型コロナウ イルス感染症対応能力向上 プロジェクト	21.09-22.03
ベトナム	ベトナム北部山岳地域のフ ラッシュフラッドと地滑りによ る被害の対処・最小化のた めの能力強化プロジェクト	22.01-25.01
ベトナム	公務員採用試験改革プロジェクト	22.01-25.01
ベトナム	鉄道学校における都市鉄 道研修能力強化プロジェクト	22.02-26.01

出所：外務省　https://www.mofa.go.jp/mofaj/gaiko/oda/data/gaiyou.html
https://www.mofa.go.jp/mofaj/gaiko/oda/files/100554785.pdf#page=22

新たな国際協力の枠組みとしてのOSA

日本政府は2023年4月、同志国の軍などを対象として資機材の供与やインフラの整備などを行う、無償による資金協力の枠組みである「政府安全保障能力強化支援（OSA）」を創設した。OSAは、2022年12月に改定された国家安全保障戦略において、「平和で安定した国際環境を能動的に創出し、自由で開かれた国際秩序を強化」するための取り組みの1つとして明記されていた。2023年12月時点で4件が実施されており、フィリピン、バングラデシュ、マレーシア、フィジーに沿岸監視レーダーシステム、警備艇などが供与され

政府安全保障能力強化支援の概要

2023年4月
外務省

概要

➢ 戦後最も厳しく複雑な安全保障環境に置かれる中、日本にとって望ましい安全保障環境を創出するためには、日本自身の防衛力の抜本的強化に加え、同志国の安全保障上の能力・抑止力の向上が不可欠。

➢ こうした目的を達成するため、開発途上国の経済社会開発のためのODAとは別に、同志国の安全保障上のニーズに応え、資機材等の提供やインフラの整備等を行う、軍等が裨益者となる新たな無償による資金協力の枠組みを導入（2022年12月16日に閣議決定された国家安全保障戦略に記載）。

具体的な協力の内容

【協力対象】
◆ 安全保障上の能力強化を支援する意義のある国の軍等が裨益者となる協力を対象。
◆ 無償による資金協力であることに鑑み、原則として開発途上国を対象。
◆ 相手国における民主化の定着、法の支配、基本的人権の尊重の状況や経済社会状況を踏まえた上で、我が国及び地域の安全保障上のニーズや二国間関係等を総合的に判断して対象国を選定。

【協力分野】
以下のような、国際紛争との直接の関連が想定しがたい分野に限定して協力を実施。
① **法の支配に基づく平和・安定・安全の確保のための能力向上に資する活動**
（領海や領空等の警戒監視、テロ対策、海賊対策等）
② **人道目的の活動**（災害対処、捜索救難・救命、医療、援助物資の輸送等）
③ **国際平和協力活動**（PKOに参加するための能力強化等）

【その他留意事項】
（1）防衛装備に当たるか否かを問わず、「防衛装備移転三原則」及び同運用指針の枠内で協力を実施。
（2）適正性及び透明性確保の観点から、以下を確保しつつ協力を実施。
（案件毎にこれらの点を含めた国際約束を締結）
① 情報公開の実施
② 評価・モニタリングの実施とその結果についての情報開示
③ 目的外使用の禁止を含む適正管理
④ 国連憲章の目的及び原則との適合性

<具体的な供与物品の例>
・衛星通信システム（アンテナ）
・無線システム（アンテナタワー、レーダー）

出所：外務省　https://www.mofa.go.jp/mofaj/gaiko/arms/mine/sanngen.html
https://www.mofa.go.jp/mofaj/files/100487213.pdf

ている（174ページ参照）。一方、予算額としては2023年度当初予算で20億円にとどまり、ODAの5709億円と比較すると規模が小さいことがわかる。

●OSA実施案件一覧

フィジー	
案件名	警備艇等供与
交換公文締結日	2023年12月18日
供与額	4億円
案件概要	本支援は、フィジー海軍に警備艇等を供与するものであり、これによって、同軍の警戒監視能力や災害対処能力が強化され、フィジー海域ひいてはインド太平洋地域における海洋安全保障の維持・強化に寄与することが期待されます。

マレーシア	
案件名	警戒監視用機材供与
交換公文締結日	2023年12月16日
供与額	4億円
案件概要	本支援は、マレーシア国軍に対し警戒監視の活動に活用される機材(救難艇等)を供与するものであり、マレーシアの安全保障能力の強化、ひいては、インド太平洋地域における海洋安全保障の維持・強化に寄与することが期待されます。

バングラデシュ	
案件名	警備艇供与
交換公文締結日	2023年11月15日
供与額	5.75億円
案件概要	本支援は、バングラデシュ海軍に警備艇を供与するものであり、これによって、同軍の警戒監視能力や災害対処能力を強化し、ベンガル湾ひいてはインド太平洋地域における海洋安全保障の維持・強化に寄与することが期待されます。

フィリピン	
案件名	沿岸監視レーダーシステム供与
交換公文締結日	2023年11月3日
供与額	6億円
案件概要	本支援は、フィリピン軍、特にフィリピン海軍に沿岸監視レーダーシステムを供与するものであり、これによって、同軍の沿岸監視能力や海洋状況把握能力を強化し、インド太平洋地域における海洋安全保障の維持・強化に寄与することが期待されます。

出所：外務省　https://www.mofa.go.jp/mofaj/fp/ipc/page22_004170.html

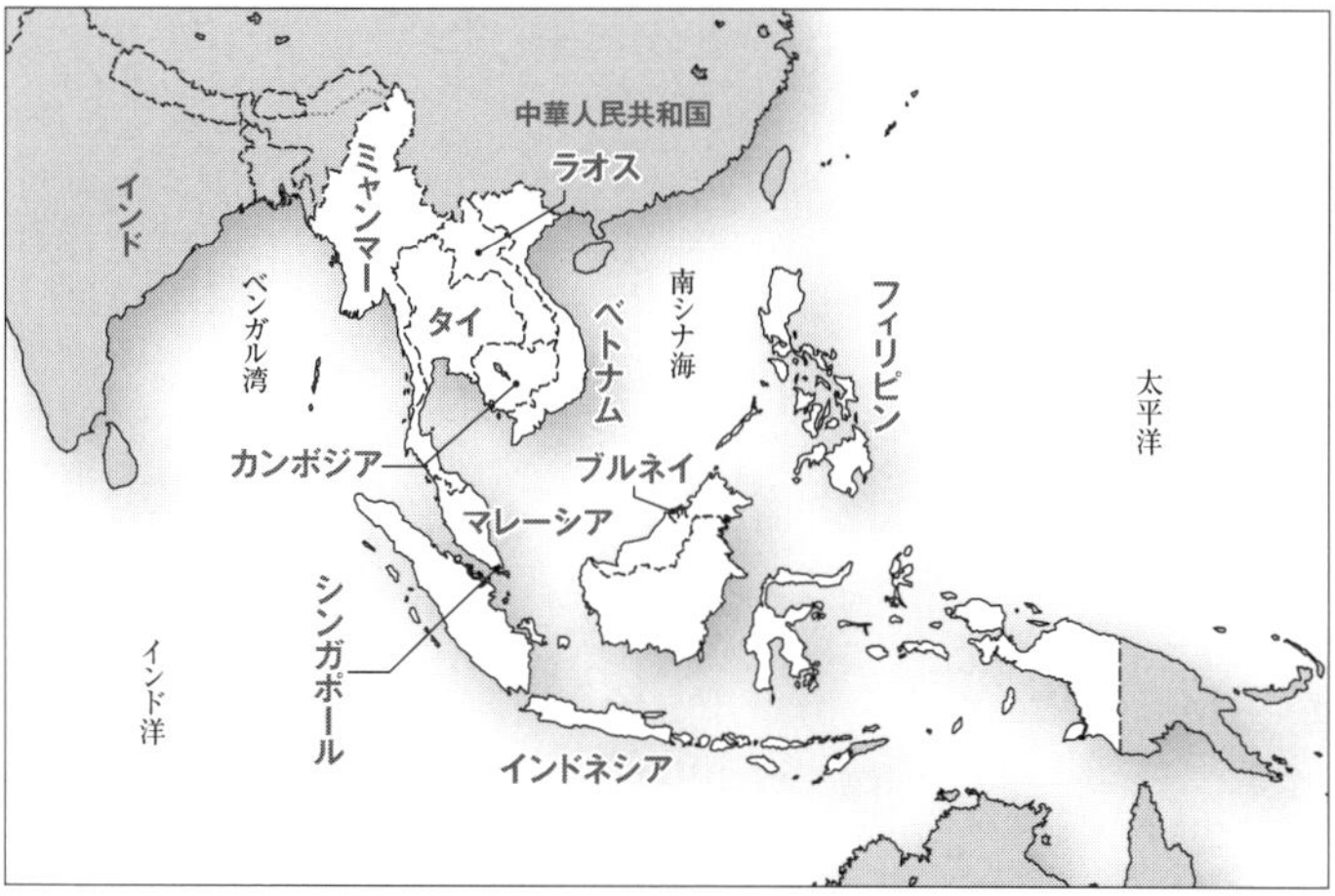

3-3 インド太平洋地域における各国連携の枠組み

座談会においては、多数国によって構成される政治機構や、各国の安全保障連携に関する枠組みについての言及がなされた。ここでは、それらの概要や構成国、主な取り組みについて解説する。

①ASEAN（東南アジア諸国連合）

ASEANとは東南アジアにおける諸国連合で、域内経済協力を目的に1967年に設立された。参加加盟国はインドネシア、カンボジア、シンガポール、タイ、フィリピン、ブルネイ、ベトナム、マレーシア、ミャンマー、ラオスの全10カ国である。２００３年には「第２ＡＳＥＡＮ協和宣言」でＡＳＥＡＮ経済共同体（ＡＥＣ）を創設することを宣言。ＡＥＣは加盟する10カ国を一つの経済圏とし、モノやサービス、資本の移動などを自由化することで域内の経済発展を目指すもので、２０１５年に発足した。

２０２２年のＡＳＥＡＮ10カ国の総人口は約６・７億人で、これは世界の８・５％にあたる。総ＧＤＰは約３・６兆ドルで、ＡＳＥＡＮを一国と考えると、米国、中国、日本、ドイツに次ぐ経済規模であり、２０２０年代後半には日本を上回る可能性があるとも指摘されている。貿易額も大きく、輸出総額は約２兆ドルと世界輸出の約８％を占める。これは日本の２倍以上で、ＡＳＥＡＮを一国とした場合、中国と米国に次ぐ規模となる。

②４カ国戦略対話（Ｑｕａｄ／クアッド）

クアッドとは自由や民主主義、法の支配といった基本的な価値を共有する日本、アメリカ、オーストラリア、インドの４カ国が構成する枠組みである。２００４年のインドネシア、スマトラ島沖の巨大地震と津波の被害に対する国際社会の支援に際し、４カ国が主導したことをきっかけに結成された。法の支配に基づく自由で開かれた国

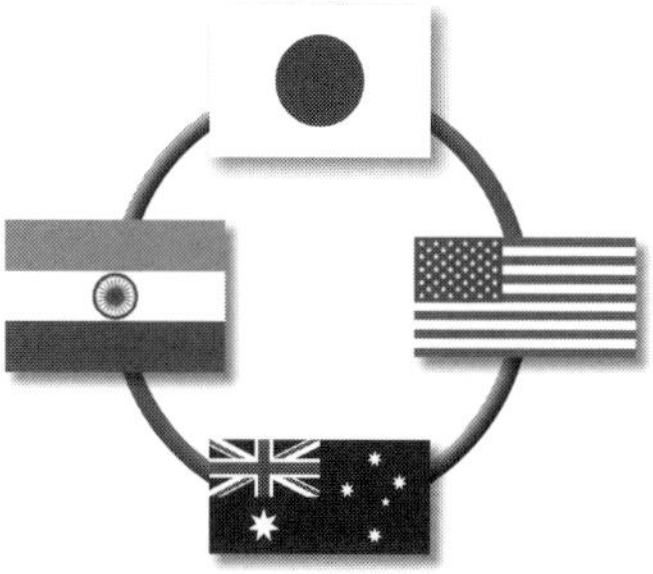

際秩序の強化にコミットしており、「自由で開かれたインド太平洋」の実現に向け、ワクチン、インフラ、気候変動、重要・新興技術などの幅広い分野で実践的な協力を進めている。

安全保障分野においては、海上自衛隊の戦術・技量の向上、米海軍やインド海軍及びオーストラリア海空軍との相互運用性の向上を目的に、日米印豪共同訓練（マラバール）が2023年8月にオーストラリア東海岸沖で実施された。

●これまでのクアッド首脳会合

時期	種別	概要
2021年3月	日米豪印首脳テレビ会議	•ワクチン、重要・新興技術、気候変動について、それぞれ作業部会を立ち上げることで一致 •年内に対面での会合を約束
2021年9月	第2回日米豪印首脳会合	•ワシントンDCにて実施 •4カ国の首脳は、「自由で開かれたインド太平洋」の実現に向け、引き続き様々なパートナーとの連携を広げ、具体的協力を積み上げていくことで一致 •併せて技術の設計、開発、ガバナンス及び利用に関する日米豪印原則を発表
2022年3月	第3回日米豪印首脳テレビ会議	•ウクライナ情勢・支援について意見交換 •今般新たに人道支援・災害救援分野での枠組みを立ち上げることで一致
2022年5月	第4回日米豪印首脳会合	•ウクライナ情勢がインド太平洋に及ぼす影響について率直に議論 •「重要技術サプライチェーンに関する原則の共通声明」を発表。セキュリティ、透明性、自律性及び健全性を柱として構成されており、今後の協力的な取り組み指針としていくとしている
2023年5月	第5回日米豪印首脳会合	•東シナ海・南シナ海を含め、インド太平洋における力又は威圧による一方的な現状変更の試みへの深刻な懸念を表明し、4カ国の首脳間でこれらに強く反対することで一致

出所：外務省　https://www.mofa.go.jp/mofaj/fp/nsp/page1_001173.html
防衛省　https://www.mod.go.jp/msdf/operation/training/malabar2023/

③ＩＩＳＳアジア安全保障会議（シャングリラ・ダイアローグ）

ＩＩＳＳアジア安全保障会議とは、英国国際戦略研究所（ＩＩＳＳ）が年に1回、シンガポールで開催する国際会議である。通称を、開催場所となるホテルの名前をとって「シャングリラ・ダイアローグ（シャングリラ対話）」という。アジア・太平洋地域を中心に各国の国防、安全保障の担当閣僚らが多数参加し、同地域の課題や防衛協力などについて話し合われるため、世界中の専門家が注目する世界的なイベントとなっている。

２０２４年も5月31日から6月2日にかけて開催され、日本からは木原稔防衛相が出席し、米国、中国、フランス、韓国、カタール、シンガポール、オーストラリア、フィジー、オランダ、ウクライナ、ニュージーランド、リトアニア、カナダなどとの防衛相会談が行われた。日米韓会談も実施され、２０２４年夏に陸海空など複数領域において、３カ国による新しい共同訓練を実施することで合意。会談後の共同声明では、防衛相会談、参謀総長級会議、防衛実務者協議を各国ごとに順次開催することも確認され、日米韓３カ国の安保体制の強化が進められた。

出所：IISS　https://www.iiss.org/ja-JP/events/shangri-la-dialogue/shangri-la-dialogue-2024/
外務省　https://www.mod.go.jp/j/approach/exchange/dialogue/iss/iiss_shangrila_21th.html

④AUKUS

ＡＵＫＵＳは２０２１年9月に締結された、米国、イギリス、オーストラリア３カ国による、インド太平洋における対中国の抑止力強化を目的とした安全保障協力の枠組みだ。

この枠組みの特徴は、国防・安全保障に関する技術協力に特化している点で、２つの柱から構成されている。第１の柱はオーストラリアの原子力潜水艦能力の獲得、第２の柱はＡＩ・高度なサイバー能力・極超音速ミサイルの共同開発など先端技術分野での協力となっている。

２０２４年4月には3カ国共同声明が発表され、「日本の強みと、３カ国それぞれとの緊密な防衛上の協力関係があることを踏まえ、第２の柱において日本との協力を検討している」と明らかにした。

出所：U.S. Department of Defensehttps://www.defense.gov/Spotlights/AUKUS/
NHK　https://www3.nhk.or.jp/news/html/20240409/k10014416341000.html

⑤北大西洋条約機構（NATO）

ＮＡＴＯは旧ソ連を中心とする共産圏の脅威を受けて、１９４９年に米欧12カ国で設立された軍事同盟。北大西洋条約の５条には「締約国への武力攻撃を全締約国への攻撃とみなす」と記されている。ＮＡＴＯの意思決定は全ての加盟国の同意が必要な「コンセンサス方式」が採用されている。最近では、２０２２年２月に始まったロシアによるウクライナ侵攻を契機にスウェーデンとフィンランドが長年の外交方針であった中立政策を転換し、同年５月にＮＡＴＯ加盟を同時に申請。フィンランドは翌２０２３年４月に加盟が実現したが、スウェーデンについてはトルコが同国の加盟に難色を示し、調整が続けられた。最終的にはトルコが容認に転じたことで、２０２４年３月に正式加盟された。フィンランドの加盟で、加盟国は発足当初の３倍弱となる32カ国となっている。

●NATO加盟国一覧（アルファベット順）

2009
アルバニア

1949
ベルギー

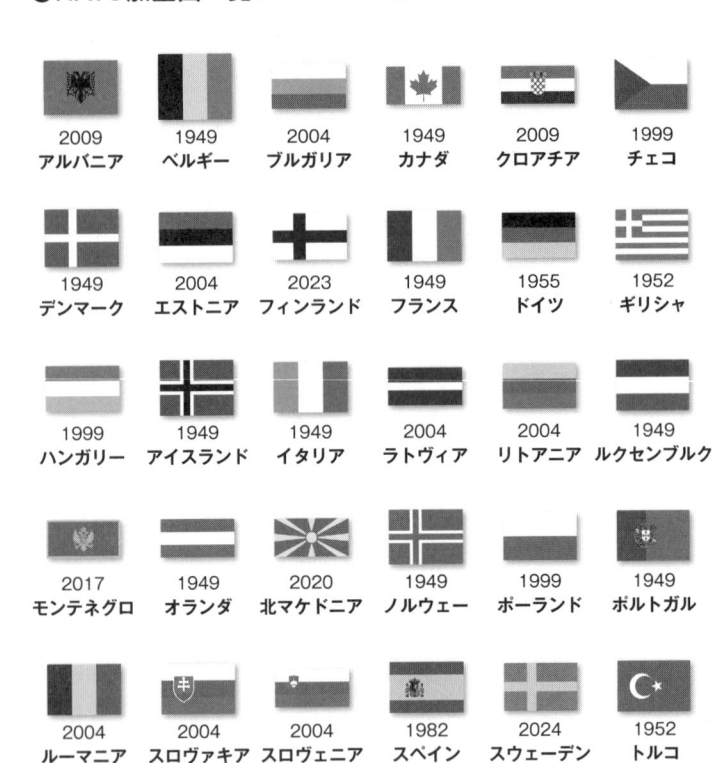

2004
ブルガリア

1949
カナダ

2009
クロアチア

1999
チェコ

1949
デンマーク

2004
エストニア

2023
フィンランド

1949
フランス

1955
ドイツ

1952
ギリシャ

1999
ハンガリー

1949
アイスランド

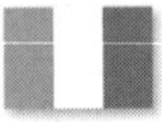
1949
イタリア

2004
ラトヴィア

2004
リトアニア

1949
ルクセンブルク

2017
モンテネグロ

1949
オランダ

2020
北マケドニア

1949
ノルウェー

1999
ポーランド

1949
ポルトガル

2004
ルーマニア

2004
スロヴァキア

2004
スロヴェニア

1982
スペイン

2024
スウェーデン

1952
トルコ

1949
イギリス

1949
アメリカ

第4章 「インド太平洋戦略2・0」を支えるサプライチェーン型安全保障

(1) 防衛装備品移転とサプライチェーン構築

和田義明・衆議院議員　前述の通り、中国が南シナ海で力による現状変更を試みています。島や礁を国際法や歴史を顧みず我が物と言い張り、海警や海空軍で相手を威嚇しています。それに対して周辺国は中国海警や海軍を追い払う海軍力がありません。中国軍機を追い払う航空戦力がありません。先日フィリピンで会った海軍や空軍の兵士たちは、悔しさを滲ませていました。もし日本がこれらの国に大型のフリゲート艦や地対空・地対艦防衛装備を移転して、かつ運用訓練を提供したらどうでしょう。そのような国がインド太平洋で増えたらどうでしょう。中国軍は確実に動きにくくなるでしょう。

さて、日本は戦後ＯＤＡや円借款の枠組みでＡＳＥＡＮなどインド太平洋の国々に道路や空港、港湾、発電所などを建設して生活環境の改善や生産性の向上に多大なる貢献をしてきました。献身的な国際支援活動の結果、日本は確かにインド太平洋の国々からの厚い信頼を勝ち取りました。しかし、途上国がだんだん発展し、豊かになるにつれて、このようなインフラ支援の社会的インパクトが薄れてきました。そして日本の支援先であるにもかかわらず価格の安い中国企業が工事を落札するなど、元商社マンとしては支援の意義に疑問符が付くことが出始め、それであれば一層のこと、限られた国際支援予算なのだから相手国の死活的に重要なところにこそ支援をするべきであると思うに至りました。

防衛装備品海外移転はインド太平洋地域の国々にとってみれば、自国の防衛力を強化する最大のチャンスであり、国益そのものです。日本が防衛力錬成の支援をすることで、外交上もこれまで以上の強固なパートナーシップを構築できることになります。折しも我が国では２０２４年3月、政府が武器輸出を厳しく制限していた「防衛装備移転三原則」の運用指針を改定しました。私が議員外交で諸外国に赴き各国の外交・防衛担当者と話したり、駐日大使などと話したりする中で、日本の積極的平和外交、とりわけ防衛装備品の海外移転に対する彼らの期待は非常に大きいものがあると実感しています。

ある中東の駐日大使から「テロリストや犯罪組織が国境を越えて侵入している。一

番ほしいものは、国民の命に直結する防衛装備品なのです」と言われたことが今でも印象に残っています。防衛装備品を供給するということは、その国は当分日本の装備で国家国民を守るということです。そしてそこには運用支援や訓練、整備、修理などが伴います。まさに「切っても切れない関係」になるのです。

現在同時に生起しているロシアのウクライナ侵略とガザにおけるイスラエルとハマスの戦争に対して、米欧はウクライナとイスラエルに防衛装備や弾薬を支援しています。しかし平時を前提としていた米欧のサプライチェーンは複数の有事に悲鳴をあげており、これで世界の他の地域で更なる紛争が生起した場合には、米欧のサプライチェーンは窮地に追い込まれるでしょう。そのような状況下に陥った場合、日本はどのようにしてその問題解決に寄与すべきなのか、自問自答しなければなりません。更に言えば、アメリカやオーストラリア、韓国、ＥＵ諸国などの同志国と連携して何ができるのか。将来的には、ＮＡＴＯとクアッドの間でサプライチェーン協定のようなものを締結し、在庫も共同で分散保有し、連携を深化させなければならないと考えます。サプライチェーン協定を結ぶことが出来れば、装備品の共有化や共同開発の更なる進化にもつながっていくでしょう。

武居智久・元海上幕僚長　サプライチェーンについては今まで平時しか考えられていませんでしたが、仮に日本が戦禍に巻き込まれることになると日米の後方支援基地、情報通信インフラ、電力施設が真っ先に攻撃されます。平時仕様のサプライチェーンは効率性を重視したかたちをとっていますので、当然ですが持続性がありません。コストはかかるのですが、有事に備えたサプライチェーンの世界的、地域的な分散も必要になってくると思います。台湾有事を想定し、中国と事を構える可能性を考えると、装備品だけを見ても大きなギャップがあります。中国はウクライナ戦争の教訓から、これまで以上のミサイルや銃砲弾を用意することでしょう。それは、日本一国だけではとても賄いきれないので、平素から有事をにらんで多国間でこれを保有する。フレンドショアリング、アライアンスシェアリングと言われる体制をとっていかなければいけない時代が今、来ているのだと思います。

また海上自衛隊の観点からすると、平時

でも有事でも、海上交通の安全確保が必要になります。その主たる海域はインド洋、太平洋、特に東南アジア周辺の海域です。平時から周辺国と良好な関係を維持することは当然のこと、それらの国々の海軍や海上法執行機関が自国の水域の安全確保ができるように能力向上支援が重要になります。彼らが自前で装備の取得などをできれば一番良いのですが、海外から防衛装備品を許与してもらって能力を向上させざるを得ない。この現実に鑑みると、ご指摘の通り日本が果たせる役割は大きいと考えます。

ASEAN諸国では歴史的な背景もあって米国製は好まれません。インドネシアやマレーシアなどは反米意識が強く、米国製の防衛装備品を忌避する代わりに日本の装備品を導入したいと思っています。日本への期待は単に代替ではなく、米国製に劣らない性能と信頼性のある装備品です。その一方で、東南アジアの国々は、中国や北朝鮮の軍事的脅威にさらされている自衛隊が要求するレベルの極めて高性能な装備品までは求めていません。彼らのニーズに応えるならば、寿命半ばの装備品を早期に退役させ同志国に移転するのは一案ではないでしょうか。

輸出された装備品は必然的にメンテナンスを伴います。メンテナンスはそれに携わる現地企業との協力や関連技術の移転が必要となりますが、日本は売った後のきめ細かな支援が伝統でもありますので、そこは上手にお付き合いできると思います。高度な装備品であればあるほどメンテナンスやチューニングの需要が高まり、協力関係の裾野が広がりますから、和田議員から言及がありましたが、装備品を輸出することは将来的にこれらの国々との間の共同開発の道を開くことになるでしょう。こうした取り組みを通じて日本の軍事技術がＡＳＥＡＮ諸国のサプライチェーンに組み込まれるメリットとしては、目に見えるかたちで、具体的に日本が各国の防衛力整備にコミットメントできるということが挙げられると思います。

和田義明・衆議院議員　同盟国、同志国、パートナー国が連携することで、それぞれの強みを最大限に生かしながらも、弱みを補完し合っていく。そのような強力体制を想定した場合、長年我が国の領海を守ってこられた海上自衛隊元トップの目から見て、日本が強みを活かして世界に貢献できる分野はどういったところになるとお考えですか。

武居智久・元海上幕僚長　日本が高い競争力を持っている分野は、造船技術が挙げられます。日本の造船業界は、おそらく世界で一番効率的かつ短期間で高性能の海軍艦艇を作る技術力と体制を有しています。２万トン近いヘリコプター搭載護衛艦も、艤《ぎ》装《そう》密度が高いイージス艦も潜水艦も、日本の造船所は実質4年間で造って就役させることができます。その理由は、諸外国では冷戦後の国防費縮減のあおりを受けて産業基盤の縮小や統廃合が進み、設計者ばかりか溶接工まで、造船全体の技術力が衰えてしまった構造的問題がありますが、日本の造船所は防衛費が厳しい時代も企業努力で生き残ってきました。彼らには、海上防衛の基幹産業としての造船を守らねばならないという自負と使命感があって、それがたゆまぬ技術開発と効率化を実現してきました。更に、日本の工賃は良くも悪くも他国と比較して安い。たとえば同じ設計図に基づいて、護衛艦を作る場合、オーストラリアでは日本の2倍の経費がかかると言われています。造船以外の防衛装備品についてもおそらく同じでしょう。この優位性を利用しない手はないと思います。また、日本国内で製造すると同時に同盟国や準同盟国のワーキング・フォースをトレーニングし、いずれ地域で分業できるようにすれば、全体として防衛力の強化につながり、地域の平和と安定に日本は大いに貢献できると思います。

2023年4月の日米首脳会談で合意された、米英豪の安全保障の枠組み「AUKUS」における先進能力プロジェクトに関する協力も日本が強みを活かせる一例と言えるでしょう。最先端技術で我が国が先をいっている水中無人機の自律航行について、欧米の関心は非常に高いと聞きます。こうした強みとなる技術をＮＡＴＯなどのサプライチェーンにも戦略的に組み込んでいくことは意義があります。

ＡＵＫＵＳでのオーストラリアへの攻撃型原子力潜水艦の配備についても政治がリーダーシップを発揮して、可能な範囲で参加すべきだと思います。アメリカは恒常的な労働力不足に陥っていて、プラスの攻撃型原子力潜水艦の建造ができるかどうかもわからない状況です。潜水艦の船体には高張力鋼が使われていますが、オーストラリアの潜水艦が活動する深々度の海域では強度を増した「超高張力鋼」を使わなければなりません。しかし、世界で就役している潜水艦の可潜深度から見ると、これを溶接する技術を有する国は世界にわずか３カ国しかありません。アメリカとロシア、そして日本です。日本は毎年潜水艦を建造しているので、おそらく日本の溶接工がもっとも技術力が高い。日本が果たせる役割は多分にあるのではないでしょうか。

原子力エンジンの開発に参加することは現実的ではありませんが、溶接技術であったり、密度の高い艤装技術であったり、オーストラリアのエンジニアを日本が育成する支援はできると思います。

防衛装備品の海外移転について、日本は「オファーを待つ」受け身一辺倒でしたが、日本の持っている技術力を考えますと、日本から「オファーする」攻めの装備移転とサプライチェーンを主導的に構築できる潜在力は十分備えています。例示した取り組みを十分に詰めていく過程において、日本が競争力を発揮することもできますし、互恵関係を装備移転の哲学とすれば、ＮＡＴＯあるいはオーストラリアなどから必要な技術力を持ってくることにもつながると思います。サプライチェーンは、日本から技術を持ち出すだけでなく、日本に持ってくるという観点でも強化していくことが強靭化につながってくると考えます。そのためには民間企業に任せるのではなく、政治が主導して戦略性を持って進めていく必要があるのではないでしょうか。

技術開発という観点からは、まず作戦環境と作戦構想が先にあって、次に必要な技術はなにか、どう装備化するかという順番になります。最近ではＡＩのように新興技術を、これを装備につなぐ場合もあります。しかし、個人的な感想ですが、これまで防衛装備庁の技術者が開発したい技術が、自衛隊が欲している技術ではない事例が少なからずあったように思えます。装備化を優先すれば、開発技術が目標値に届かない場合には目標値を下方修正する、あるいは開発が概ね終了したことにして就役させるケースも出てきてしまう。逆に時間がかかりすぎて、完成したときには陳腐化していたこともありました。防衛省は従来の開発手法を大幅に見直し、予算も十分に付けて、最新技術が装備品となって運用者の手に渡るよう研究開発プロセスを見直したと聞きますが、まだ改善の余地があるように思います。たとえば、アメリカの会計検査院（ＧＡＯ）が行っているように、毎年、開発途中の装備品について開発状況を事細かにチェックすることはできるだろうと思います。防衛装備の政策的な評価というのは予算が適切に使われているかどうかの一点であって、開発段階に政治の目が配られているかというと必ずしも十分ではない。開発計画との整合、運用要求の達成度など、開発の進捗状況にも政治主導が働くと、本当に必要な装備品が出てくると思います。

前田匡史・国際協力銀行会長　武居さんの問題意識に同意します。２０１５年に防衛装備庁が発足したときの初代長官は渡部秀明さんでしたが、防衛装備庁を創設するにあたり、野田内閣で防衛大臣となった森本敏さんを中心として、どのようにこの組織を日本の国防力向上のために活かしていくかという議論がありました。私はそのときの勉強会のメンバーに入っていたのですが、防衛装備庁への問題提起はその時点でほぼ終わったと思っています。発足から10年近く経ちますが、語弊を恐れず言いますと、これといった成果を生み出せてはおらず、当初の目的であった国防力を高めるための組織にもなりきれていません。

防衛費というものには、純粋な武器を買う金額だけではなく、武器以外の防衛に関係するものも含まれています。岸田政権になって防衛費をＧＤＰ比２％にすることを打ち出しましたが、防衛費が従来と比べて2倍になったからといっても直ちに戦闘能力が倍になるわけではありません。サプライチェーンの強化にあたっては、我が軍の戦闘能力をきちんと数値化することで「見える化」を図り、不足している能力を特定し、それに対してどのように取り組んでいくかということを考えていくことが一層求められているのではないでしょうか。

また、和田さんからＯＤＡのあり方について問題提起がありましたが、今は「これだけ民生支援します」という時代ではなく、新しい政府間の安全保障協力がＯＤＡに取って代わり大変重要となっています。その一例として、インドネシアへのフリゲート艦輸出交渉が挙げられると思います。２０２４年9月までのジョコ政権は比較的中国に近い政権でしたが、南シナ海ナトゥナ諸島領海においてインドネシア海軍の艦艇に対して中国海警の船が非常に危ない進路妨害をしたことを契機に、政権で最大の実

力者だと言われたルフット・ビンサル・パンジャイタン海洋担当調整相が、中国に肩入れし続けるのは危険だと思い始めました。私は、岸信夫・前防衛相の下で最初の交渉を担当し、カウンターパートナーはルフット調整相と、当時の国防相で次期大統領のプラボウォ・スビアント氏でした。この交渉は２０２1年にほぼ妥結したのですが、その後3年間はインドネシア国内の政治事情によって進んでいません。これがようやくプラボウォ氏が大統領になることで進められる。今がまさにインドネシアとのパートナーシップを強化するチャンスです。

交渉当時、韓国製の古い潜水艦が事故を起こしました。プラボウォ氏は、フリゲート艦の交渉が上手くまとまったら、次は潜水艦についての協議を始めたいというところまで踏み込んだ発言をされました。こういう機会を日本として逃す手はありません。彼が大統領に正式に就いたら、我が国としても交渉を更に前に進めるという強い覚悟を持つ必要があるでしょう。

尾上定正・元空将　日本はたしかにＯＤＡを通じてアジアを中心とした多くの国から評価されるような活動を長年積み上げてきました。ただし、ＯＤＡは軍に対する支援はできないということになっていますので、昨今の我が国を取り巻く状況を鑑みたときに、例えばフィリピンやベトナム、太平洋島嶼国が抱えている喫緊で重要な課題を解決するため、それらの国の軍に対して何らかの支援をするということが非常に大きな効果を持つことは論をまたないでしょう。ＯＤＡではできない軍に対する支援を資金提供というスキームを使って可能にして、同志国の抑止力を向上させることを目的とした枠組みのＯＳＡが２０２３年にできました。和田さんが考える強固なパートナーシップ構築のための環境は、まさに今整ったと言えると思います。

ＯＳＡは国防当局への無償資金提供ということではありますが、案件を形成していく過程で日本の防衛装備品の海外移転にもつながりますし、ある意味、防衛産業に対する市場を開いていくという意義もありますので、大きな意義がある制度だと思います。

我が国の防衛装備品の輸出実績としては、これまでにフィジーやバングラデシュに

警備艇、マレーシアには警戒監視用の機材、フィリピンに沿岸監視用の警戒管制レーダーシステムの供与があります。ＯＳＡを通じてこうした取り組みを一層加速させ、日本の安全保障にとって重要な国に彼らが必要とする軍事的な装備を提供するための資金援助をしていくのとセットで日本の優れた警備艇やレーダーを支援していく。ただ単にお金を提供するだけではなく、教育訓練や装備品の運用、更には運用によって得られた情報を共有していくということで、非常に広がりのある支援となります。そうした防衛協力を礎としたパートナーシップの構築は、我が国にとって望ましい安全保障環境を創出するだけでなく、インド太平洋地域における平和と安定を確保することに確実につながるでしょう。

岩田清文・元陸上幕僚長　私からもサプライチェーン強化の具体策について述べさせていただきたい。中国は国家目標として、米軍を侵入させない防衛の最低ラインにしている第1列島線の権益確保を掲げています。この列島線に位置するのは日本、台湾、フィリピン、インドネシアの国々です。この中で日本が集中的にパートナーシップを強化すべきはフィリピンだと思います。

軍事の世界では、同盟と同等の二国間関係を表す言葉として、軍事面で深く結びついている「兵器による同盟」があります。例えば、インドとロシアの関係性がそれに当たります。インドは兵器の大部分をロシアから購入しています。2022年2月に国連安全保障理事会に提出されたロシアのウクライナ侵攻を非難する決議案の採決にあたっては3カ国が棄権しましたが、その3カ国とは中国、アラブ首長国連邦（UAE）、そしてインドでした。ウクライナ侵攻を機にインドはロシアに過度に依存した軍事サプライチェーンを見直しています。2009～2013年には兵器輸出のうち76%をロシアが占めていましたが、直近では36%に減ったという報道もあります。しかし、何十年もかけて構築してきたサプライチェーンを見直すことはそう簡単ではありません。

そういう意味で、日本は同志国であり第1列島線に位置する運命共同体ともいえるフィリピンとのサプライチェーンを強化し、軍事的な一体化を目指すべきです。中国の脅威を認識しているマルコス大統領は日本との連携強化に積極的です。日本政府は防衛装備移転三原則が制定されて以降初となる完成装備品の輸出として、フィリピンに警戒管制レーダー4基を輸出することを決めており、2024年に2基目を供与しました。日比は同年中に外務・防衛担当閣僚協議（2プラス2）を開く方向で調整したり、自衛隊とフィリピン軍が共同訓練をしやすくするRAAの年内の妥結に向けても協議を進めたりしていますが、その中で軍事サプライチェーンの強化も一緒に進めていくことが重要になってくるでしょう。

また、軍事オペレーションにおいて航空における指揮システムというのはとても大事な要素です。2022年8月に、ペロシ米下院議長が台湾を訪問した際、中国が反発して台湾周辺で軍事演習を行いました。中国軍は台湾東部沖へ複数のミサイルを発射しました。日本政府は計9発の弾道ミサイル発射を確認したと発表しましたが、実際のミサイル数は11発で2発を見落としたという事案がありました。航空自衛隊のレーダーでは、フィリピン最北と台湾南東の間に位置するバシー海峡を飛んでくるミサイルを捕捉できないからです。一方で、フィリピンは太平洋側からの中国軍の動向を、レーダーが不足していて捕捉できないという課題を抱えています。

サプライチェーン強化を目的とした日本製の警戒管制レーダーの供与を入り口に、GSOMIAを締結し、飛来するミサイルなど機密性の高い情報の共有ができる体制を構築することを目指していくべきだと思います。

伊藤弘太郎・キヤノングローバル戦略研究所主任研究員　日本がどのような防衛サプライチェーンをこれからインド太平洋地域で構築していくかについて、隣国である韓国の取り組みは一つの参考になると思います。

韓国は冷戦崩壊後、1970年代の漢江の奇跡、1988年のソウル・オリンピックを経て、経済的にそれなりに豊かな国となり、国際社会の中でも一定の地位を獲得するまでになりました。しかし、安全保障の世界における取り組みについては、どちらかというと消極的なスタンスでした。その姿勢を一変させたのがイラクによるクウェート侵攻に端を発する湾岸戦争（1991年1~2月）です。もはや途上国ではない国として、世界の平和のためにどのように貢献していくかということを真剣に考えるようになり、その手段の一つとして防衛輸出を掲げるようになりました。これは、今の日本が置かれた状況と少し似ているのではないかと思います。

こうした方針を積極的に推進したのが、李明博大統領（2008~2013年）です。装備品の輸出額は年々右肩上がりのカーブとなり、近年ではウクライナ戦争やポーラン

ドからの大型受注もあって、2000年に31位だった韓国の防衛輸出は、2019～2023年の直近5年間では10位にまで躍進しました。

防衛輸出をめぐって戦略的な外交があったかというと、正直なところそのような戦略はなかったように見えます。買ってくれるならどこにでも売るという方法で、過去にはウズベキスタンに売ろうとしたりして韓国の同盟国である米国に止められたりしたこともありました。しかし、ウクライナ戦争と尹錫悦政権の発足は大きな転機となりました。尹大統領の外交安全保障政策の基本理念は、自由、民主主義や法の支配といった「普遍的価値」の追求であり、米国や西欧諸国との連帯を重視しています。ウクライナ戦争によって世界が自由民主主義と専制主義の2つの陣営に分かれたことで、今の韓国は「西側諸国の武器庫」として、サプライチェーンにおいて重要な役割を果たすことを公言しました。

この発言は尹政権にとってリスクも当然あったわけですが、専制主義陣営の一つであるロシアと接するような北欧、バルト三国、東欧諸国からの大型契約が次々と舞い込み、次の契約を他国が順番待ちしているという状況になっています。好景気に沸く防衛産業は今、次世代の先端科学技術への投資を惜しみなく行っており、好循環が生み出されていると言えます。

このようなサプライチェーンを韓国が築けたもう一つの要因として、軍民連携が進んでいることが挙げられるでしょう。その一例が、2024年にペルーに30台採用された車輪型装甲車です。中南米市場に初めて進出することになった案件ですが、これを製造しているのは、自動車世界大手である現代自動車のグループ会社です。ポーランドが韓国史上最大となる137億ドルの武器契約を結んだ際、ポーランドは「いきなり韓国の製品を買ったわけではない。韓国という国とは10年以上付き合って、技術への裏付けはある」と説明しました。その信頼関係を築いたのは、約10年前に東欧に進出した現代自動車とも言えるでしょう。欧州の安全保障の専門家からは、「日本にはトヨタやホンダといった世界的にブランド力がある企業がたくさんあるのに、なぜ日本国内で縮こまったままで出てこないのか」とよく聞かれます。

韓国は2027年までに世界の4大防衛輸出国の一角を占めるという野心的な目標を掲げています。日本も本気で世界の防衛産業に打って出ていき、攻めのサプライチェーンを構築していくのであれば、政治にも企業にもそれ相応の覚悟が必要となるでしょう。

平松賢司・元駐印大使　インドとの関係で申しますと、自衛隊はインド軍との間で物品・役務の提供を円滑かつ迅速に行うことができる協定のACSAを結んでいます。2015年には「日印防衛装備品・技術移転協定」も締結されており、安全保障・防衛分野における協力の強化を目的とした移転される防衛装備品・技術の取り扱いに関する法的枠組みも整えています。日印二国間において土台は既にありますので、協力できる分野を見出すことさえできれば防衛サプライチェーンの関係を深化させることができると思います。

私が大使を務めていたころ、日本政府は海上自衛隊の救難飛行艇「US2」のインドへの輸出交渉を進めていました。私も様々なレベルで働きかけをしましたが、結果的にはうまくいきませんでした。インドは他国と比べてものすごく価格面に対する見方がシビアで、比較検討を重ねた上で彼らにとって一番いいものを選ぼうとします。交渉が暗礁に乗り上げた最大の理由も機体価格の高さでした。装備品移転の制度や枠組みが整っていても、その先の我が国

がどこまで競争力を持って売り込んでいけるかということが重要だと痛感させられました。

岩田さんから言及のあった警戒管制レーダーなど、日本に比較的優位性があるような分野からまずは入っていくことが最適解なのかもしれません。インドのジャイシンカル外務大臣は「防衛装備品の移転で日印は何か出来るのではないか」ということをよく言っています。彼らとしても戦略的により多くの国と軍事産業面で協力を深めたいと思っているタイミングですので、この機を逃す手はないでしょう。

和田義明・衆議院議員　インドは世界最大の防衛装備輸入国ですから市場のポテンシャルは大きいです。またインドは旧イギリス植民地という歴史的な背景から、中東やアフリカとの結びつきも深く、それらの地域においては官僚や財界幹部の中にインド系の方々が非常に多いです。例えば、日本の重工業メーカーがインドの海軍造船所に投資をして合弁事業でフリゲート艦の建造をするとしましょう。日本の造船所では技術者もドックも不足するでしょうから、人口14億人のエンジニア大国インドで建造することは理にかなっています。インドは世界最大の防衛装備輸入大国ですから単独でも魅力的な市場ですが、結びつきの強い中東・アフリカ市場にインドから輸出することができれば、日本で建造する艦艇の一隻あたりに必要な投資を割安にすることで、日本の防衛予算をより効率的に活用できます。今の日本に一番不足しているのは人手ですから、建造する人も、営業交渉する人も、インドに補完してもらうのは考え方だと思います。

ここまでお話を伺い、防衛装備品の移転とサプライチェーン構築のためには、交渉をしっかりと後押しする議員外交が不可欠であるという問題意識を強く持ちました。外務省・大使館や防衛省・防衛装備庁が窓口としてパートナー国政府と日々緊密なコミュニケーションをとってくれているわけですが、もっと我が国の政治家が先頭に立ってトップセールスをする本気度を見せないと実績は上がらないし、競争に勝ち残れません。日本が高い付加価値を供与して、相手国のニーズに合った取り組みを一つずつ積み重ねることで、信頼関係は揺るぎないものになっていくと思います。相手国との信頼関係を日本が率先して作る覚悟と、挑戦し続ける思考回路を持つことが肝要になります。

政府内には大臣、副大臣、政務官という政務三役がいますが、外交バランスの観点からも一国ばかり赴くわけにはいきません。そういったときに友好議員連盟や対象国にコミットしている政治家が個別にしっかりと足を運び、日本にとってあなたが大事なパートナーだというメッセージを発信し続ける役割が、議員外交に求められるものだと思っています。さまざまな議員外交の機会を作っていただいている笹川平和財団には心から感謝申し上げます。

角南篤・笹川平和財団理事長　和田さんのご認識の通り、国と国とが連携していくためには政治家間の信頼関係がまずあり、その強固な信頼関係の基での政治主導が絶対的に欠かせません。日本国内では、競争力がある装備品を日本が持っていれば他国は買ってくれると思っている節がどうもあるように思います。でも実際の世界は、経済の効率性に基づいた意思決定であったり、他国が日本の研究者に「君の研究は素晴らしいからぜひ買わせてくれないか」と言ったりして物事が決まるような話ではありません。国民の生命を預かっている国家レベルでの意思決定ですから、そこはやはり国と国との信頼関係のレベルは高くなければいけない。

そのためには政治家の努力が必要だと思います。我々世代は、戦後の先人が時間をかけて築き上げたレピュテーションの上に乗っかっているだけです。アジアにおける経済成長のためのお手伝いを様々やってきたわけですよね。日本がアジアや中東、アフリカを含めた諸外国から尊敬の念を持って接してもらえるのは、ものすごく努力をしてきた結果であって、この環境は自然の産物ではないのです。これからの時代に向けて、改めてそういう努力を続けていく必要があるということを理解するのは非常に重要です。トラストは、相手国にただ与えるだけではなくて、常に目配りして適切な対応を取り続けなければ育めませんし、すぐについえてしまうものだと思っています。

(2)共同開発で戦略的不可欠性を獲得せよ　ＧＣＡＰが示した新たなパートナーシップ像

和田義明・衆議院議員　武居さんから、防衛装備移転とサプライチェーンを強化することは、将来的に共同開発の道を開くことになるとのご示唆をいただきました。日本の防衛産業は長年、防衛省の委託開発と組み立てという事業スキームでやってきたこともあり、競争原理の下でイノベーションが起きるという経済原理を満たした産業形態とは言えず、サステイナブルな様態からは程遠いです。一方で、中国や北朝鮮が想像を絶するような資金を投じていて、こういう国々とマッチアップするためには日本一国の予算規模ではとても賄いきれません。共同開発の促進は、予算の効率化と各国の強みを束ねたチームビルディングという一石二鳥が得られる戦術と認識されるべきです。

防衛装備移転三原則の運用指針を改定したことで、イギリス、イタリア両国との次期戦闘機の開発計画「グローバル戦闘航空プログラム（GCAP）」における戦闘機の第三国への輸出が解禁されました。2023年末には、米国企業のライセンスを得て日本国内で製造された地対空ミサイル「パトリオット」の米国へのライセンスバックが可能になるなど、防衛装備の輸出に新たな道が開かれていましたが、この決定で防衛装備品のなかで最も重要な戦闘機にまで対象を拡大させることができました。1976年に武器輸出を原則禁止として以来、約半世紀ぶりとなる安全保障政策の大きな転換点となりました。

開発中の次期戦闘機は現在ユーロファイター・タイフーンの後継という位置づけになり、したがって開発当事者であるイギリスとイタリアに加えてスペインとドイツにも採用される可能性があります。世界最大の軍事同盟であるNATOの主力戦闘機の核心技術を日本が担うということは、同志国としての一体性はこれまでのそれとは全くレベルの違うものとなります。英国のウォレス前国防相が、日英の関係について「短い恋愛ではなく、結婚するのだ」と表現したことは、同志国との戦略的不可欠性が担保された象徴的な出来事でした。

島田和久・元防衛事務次官　和田議員が防衛大臣補佐官として３カ国間の協議をリードされたＧＣＡＰでの協力はエポックメーキングだと思いますし、今後の取り組みの大きなモデルになるでしょう。戦後ゼロから出発した我が国の防衛産業、とりわけ航空機産業は、米国から指導を受けながら間違いないものを作り、防衛省に買ってもらうという、安全策としての「米国の下請け化」が事業の中核となっていました。

これまでに置かれた産業の状況や日本政府の防衛予算規模からは仕方がないことだと思いますが、そうした従来のビジネスモデルと比べると、今回のＧＣＡＰは大変リスクを取ったと思っています。これは政府が「日本が主導でやっていく」「アメリカの下請けにはならない」という断固とした方針を貫いた結果でもあると思います。やはり、政府が本気になれば、企業も一緒にやっていこうという気持ちになっていただけるということを今回学ぶことができました。

また、私も防衛事務次官として関わった過程で感じたことは、日本の確固たる方針と高い技術力への信頼です。日英伊の技術者同士が率直な意見交換を行い、相互理解を深める中で、日本の技術力に対する信頼が一層高まったと思います。同時に日本側も基本的には米国としか付き合ってこなかったので、イギリスやイタリアの技術に関して学ぶところが多々ありました。共同で開発することに非常にシナジーがあるということを、多くの関係者が感じてくれたことも大きかったと思います。

岩田清文・元陸上幕僚長　今回のＧＣＡＰはすごく歴史的だったと私も思います。共同開発の利点について和田さんから言及がありましたが、現在の最先端の装備品は、それぞれの技術が高度になってしまっているので一国だけでは容易に完結できないところにまでできています。高度化に伴い予算も膨大になりますので、例えば一つの国で３００機ぐらいしか所有していない戦闘機にそこまでの資金を投じられない。こうした課題への処方箋が共同開発になると思います。

今回の開発では、この技術はイギリスが強いとか、この技術はイタリアが強いとか技術的優位性は様々ですので、各国がそれぞれの強みを持ち寄っています。国ごとに性能をカスタマイズする柔軟性も確保できています。コストに関しても、少なくとも開発当事者である3カ国が購入しますので、単価を下げることができます。更に、ヨーロッパ諸国はイタリアとイギリスが、東南アジア諸国には日本が売り込み活動をすることで更に生産量が増え、コストを圧縮することにつながるでしょう。

共同開発のもう一つの利点として、一緒に開発した国々のそれぞれの見地から新しい技術が入ってきて、兵器をアップグレードできることが挙げられます。兵器というものは日進月歩でありまして、より良い性能にするため、何回も改良するチューンアップという作業が必要です。ウクライナ戦争で米国製のジャベリンという対戦車ミサイルが注目を集め、その名前を聞いたことがある方もいると思います。ジャベリンが実戦配備されたころは射程が2キロぐらいで命中精度は当時では高いレベルでしたが、陸上自衛隊が２００１年に開発した01式軽対戦車誘導弾という対戦車ミサイルと能力はさほど変わりませんでした。しかし、米国はこれまでに複数回改良して、攻撃目標を捜索・検知及び追尾するためのミサイルの構成装置であるシーカーの精度を上げたり、射距離を伸ばしたりして性能を高めています。しかし、日本の01式軽対戦車誘導弾は開発時点から性能は変わっていません。予算がないので改善、改良できなかったわけですが、結果的に性能に差がついてしまった。常に第一線の兵器を持ち続けられるという意味においても、今回の共同開発は大成功だと思いますし、一つの大きな節目だろうと思います。

次の共同開発の目玉は、米国と共同で開発している「滑空段階迎撃用誘導弾」（ＧＰＩ）になるでしょう。中国、ロシアなどが開発を進めている極超音速兵器を迎撃するための新型ミサイルで、日本側はミサイルのロケットモーターや「キルビークル」と呼ばれる弾頭部分の推進装置を担っており、２０３０年代半ばの開発完了を目指しています。どこの国もＧＰＩの開発には苦労しているので、世界が注目しています。ぜひ成功裏に終わらせ、日本の軍事産業の世界におけるプレゼンスを高めてもらいたいものです。

伊藤弘太郎・キヤノングローバル戦略研究所主任研究員　前項で、近年の国際防衛市場における韓国のプレゼンスの高まりについて説明しましたが、フランスやドイツなどの防衛産業が歴史的に強い欧州の国は韓国に対して強烈な警戒感を抱いています。実際、ドイツはオーストラリアへの装甲車輸出をめぐって韓国に負け、オーストラリアは韓国の装甲車１２９両を導入する大型契約を結びました。韓国がＮＡＴＯ加盟国への輸出を加速させていることに対して、フランスは「なぜＮＡＴＯ加盟国から装備品を買わないのか」と公然と不満を口にする状況です。

ただ一方、ここで重要なのは、韓国は競争だけに戦略的な重きを置いているわけではないという点です。ドイツ製の長射程の空対地巡航ミサイル「タウルス」を韓国軍は導入していますが、ある報道によると、韓国とドイツは「韓国型タウルス」の開発に向けて協力をしています。防衛産業は、単に国家間の競争という一面的なものではなく、企業間の「競争と協調」が混じり合っていることを理解すべきです。日本での議論をみていると、「武器輸出大国は競争相手だ」と言い切り、その前提に立って共同開発の戦略を立案しようとしています。それは机上の空論であって、実際には企業同士が競争と協調というグラデーションのある世界で、しのぎを削りつつも様々なパートナー関係を構築している事実をしっかりと認識する必要があると思います。

(3)科学技術予算と産業補助金を防衛産業に投下せよ

兼原信克・元国家安全保障局次長　日英伊によるGCAPプロジェクトに日本企業から三菱重工業が加わりました。三菱重工はF2対地攻撃用国産戦闘機の開発に成功し、また、第5世代のステルス戦闘機の製造準備にも余念がありませんでした。高い技術力を有していたからこそ、今回の共同開発に日本企業として唯一参加できました。共同開発を促進するためにも、有志各国が持ちえない秀でた技術を企業が有していることが大前提になります。技術開発において我が国が抱える大きな構造的な問題は、科学技術政策・予算や産業政策・予算が国家安全保障と結びついていないことです。世界各国が安全保障分野において自国の企業に開発資金援助を積極的行っている中で、学界及び産業界と自衛隊が遮断されている状況は、世界でも極めて珍しいケースと言わざるをえません。まずはここを大きく変えていく必要があります。

そして、防衛産業にどんと公的資金を入れて新しい装備を作るのであれば、例えば自衛隊が使う国産装備の最先端半導体はメイド・イン・ジャパンにするという仕組みを持ち込むことも重要です。今、国を挙げて最先端半導体の国産化を急いでいますが、それを防衛分野に使うという話はいまだに皆無です。これは役所の縦割り文化と絡む話ですが、経済産業省と防衛省の連携が不十分です。経産官僚はじめ多くの役人には戦後の行き過ぎた平和主義が残っており、「防衛は悪いことだ」という発想がま

だはびこっている。経産省だけではありません。他の経済官庁も、多くがまだ現実主義に目覚めていません。こうした行政文化は非常に由々しき問題だと思っています。

もう一つ大きい問題は、日本学術会議です。日本学術会議は我が国の年間4兆円の科学技術予算を仕切っているわけですが、彼らの平和主義的志向がイデオロギー的で、あまりに強すぎることから、安全保障分野での研究開発に学術界が協力してくれない。しかし、日本学術会議は氷山の一角であって、アカデミアの人たちにもそういう向きが多いです。「なぜ、国家の安全保障に貢献してもらいたいのか」ということについて丁寧にコミュニケーションをとり、意義深いことだと分かっていただかないと、一流大学や国立研究機関、理化学研究所や国立天文台などに所属する我が国が誇る有能な研究者に、防衛の領域で活躍していただくことはできないでしょう。

岩田清文・元陸上幕僚長　2023年に防衛産業の技術基盤を強化して、防衛装備品の安定的な確保を目指す「防衛生産基盤強化法」が成立しました。そして、同年度から5年間の防衛費総額を43兆円確保するという明確な方針を政府が表明したことで、企業のやる気はでてきたかと思います。ただ、やる気があるだけでは当然ダメでして、産官が強力なスクラムを組み、「こういう戦いをしたいからこういった兵器を作れないのか」、「うちにはこういう技術があるが何かに活用できないか」、「あの会社と協力したらこういった新しい兵器を作れるからコラボレションーンさせてほしい」などと日々議論しながら、研究を深めていくコンソーシアムのような場を創出すると同時に、そのコンソーシアムを実のあるものとして動かしていかなければいけません。

本来であれば、これに学術界が加わって産官学という座組にすべきでしょうが、兼原さんがご指摘された日本学術会議の問題があります。ただ、私個人としては日本学術会議の姿勢が変わるのを待っている時間はないので、産官でやっていけば良いと思います。それぐらいすぐにでも動き出さないと、日本は世界の競争から1歩も2歩も後れをとってしまうという危機意識を持っています。

伊藤弘太郎・キヤノングローバル戦略研究所主任研究員　学術界の意識変革、ひいては文部科学省の改革というのは、日本の防衛技術や知的基盤の強化のために大変重要だと思います。私自身、大学で教鞭をとりながら研究者もやっているのですが、文系理系を問わず、大学院に行く人は年々減っていっています。はたまた優秀な研究者は、中国に好待遇で行ってしまうこともあります。しかし、生活するためには当然といってもいい選択でしょう。そうした研究環境の中、防衛省の資金というのは、研究者からすれば、喉から手が出るほどほしいものです。ですが日本の学術界は、デュアルユースに対して未だに抵抗感が根強く残っています。日本の防衛産業の衰退によって国家の足元がぐらついているところに対して、アカデミズムとしても協力し、全員がスクラムを組んで改革していこうという意識は残念ながらありません。

翻って韓国はというと、デュアルユースでやるということを前面に出し、国民に対しても懇切丁寧に説明しています。年々増加している国防予算での研究開発への使い道においても、額は大きいが国の産業、国の成長そのものに資するものだ、ということを徹底的に広報しています。日本政府も現実をしっかりと直視したうえで、タブーなき議論と国民への説明をやっていくべきではないでしょうか。

前田匡史・国際協力銀行会長　産業界のプレーヤーには大企業だけでなくスタートアップも含まれてくると思います。防衛技術に関する国内発の大学ベンチャーの母体は東大や京大など少なくありません。しかしこれまでの議論でも出ている通り、日本の大学は防衛産業に先端技術が転換されることを極度に嫌がる傾向があり、そういう目的で研究する研究者は最初からはじかれてしまったりすることがあります。ですから軍事と産業の両方に活用できる製品やサービス、技術を開発するデュアルユースでやっていくしかありません。

日本では最初から防衛技術と標ぼうすると周りが尻込みして支援してもらえませんから、例えば医療技術から始めるといったようなステップを踏む。実例として、ミサイルの飽和攻撃をインターセプトするための仕組みを作れるスタートアップがありますが、この技術はマンモグラフィーにも使えます。こうした場合、まずはマンモグラフィー事業としてスタートし、そこである程度事業を軌道に乗せてより多くの資金が必要になったときに、防衛用途での活用方法を探るというやり方をとりました。

また、今後国が防衛分野に予算をつけていくのであれば、どのような兵器の研究開発に予算を入れていくのかの目利きが重要になってきます。パレスチナのガザ地区でのイスラム組織ハマスやイスラエル軍との交戦があったシーア派組織ヒズボラ、そしてウクライナ軍やロシア軍は、ドローンを多用しています。そのドローンも非常に安価なものから、攻撃できたり、自爆したりする性能を備えている高価なものまでありま す。ハマスがドローンを使ってどのような戦術をとったかといえば、最初は安価なドローンを、武器を搭載しないで飛ばした。勿論イスラエル側は防空システムでインターセプトするわけです。そうすると貴重なミサイルが費やされる。そしてハマス側は第2波としてドローンを送り込み、実際に攻撃を加えた。

このような戦い方が現実に起きていることを踏まえると、我が国も様々なシナリオ分析をやった上で、防衛分野での研究開発として何が本当に必要なのかをきちんと精査し、お金をつけていくことが大切です。防衛機密に相当する情報でもありますからすべからくオープンにしたら良いというわけではありませんが、軍事技術に関する研究開発について国民的な理解がないまま進んでしまうと、どこかでハレーションを生んでしまう可能性も否定できません。可能な限りでの丁寧な説明も心がける必要があるでしょう。

⑷防衛産業10兆円基金を創設して国策としての防衛産業政策を推進

和田義明・衆議院議員　４月に米ワシントンで行われた日米首脳会談では、「未来のためのグローバル・パートナー」として、西側諸国の防衛産業のサプライチェーンを日米で連携して支え合うというメッセージが示されたことが象徴的でした。この背景には、防衛産業のサプライチェーンが平時を前提としていたことで、ウクライナ戦争の長期化に伴いサプライチェーン全体がひっ迫し、脆弱性を露呈してしまったことがあります。常に平時が続くことが望ましいわけですが、今後の有事に際しては多国間の協調によって防衛サプライチェーンを稼働させ、継戦能力を保っていくことが求められていると思います。

そのためには表面上の安全保障アライアンス（同盟）だけではなくて、防衛産業政策やサプライチェーンも含めた包括パッケージとしてのアライアンスが必要になるという問題意識を持っています。英国が2021年に防衛産業の戦略を策定し、米国、EU、オーストラリアもウクライナ戦争を受けて防衛産業の戦略文書を作りました。日本も同様に防衛産業の戦略を作っていかなければなりません。そういった状況もあり、4月には私が幹事長代行を務める自民党の防衛装備品の移転を推進する議員連盟が首相官邸で首相と面会し、その旨を申し入れました。首相からは防衛担当の首相秘書官に「しっかり検討するように」という指示が出ました。

武居智久・元海上幕僚長　大きな戦略的な転換点が訪れているのはおっしゃる通りだと思います。これまでの議論は平時における防衛産業の協力という観点からだけでしたが、装備品や後方支援、有事における産業基盤をどうするかということを考えることが大事な視点だと思います。

なぜこれらの視点が重要かというと、ウクライナ戦争を教訓とすれば、この時代においても国家を挙げた戦い（国家総力戦）は起こり得るもので、長期消耗戦となった場合、その帰結はどうなるか誰もわからないということです。私たちが学ぶべきは、長期戦を見越した防衛産業のあり方を考えるということでしょう。長期化する戦争は「防衛産業の戦争」ですから、インフラに被害を受けながら、装備品や弾薬を製造し、敵を圧倒できる技術開発を続ける必要があります。そのためには、防衛産業は冗長性と強靭性を併せ持たなくてはいけません。今、日本の企業の事業継続計画（BCP）は災害時を想定したビジネスの継続計画であり、有事における継続計画は存在しません。厳しい防衛費の時代、防衛産業は生き残りのために過度に効率性を重視してきました。これは、我が国の安保・国防戦略の基本方針を定めている国家安全保障戦略と国家防衛戦略いずれにおいても、有事の長期消耗戦を想定した後方支援体制、産業基盤維持をどうするかという観点が不十分なこととつながっています。早急にでも検討を始めなければいけません。

私見ではありますが防衛産業においては、単種類よりも複数種類の装備と弾薬、1社よりも複数社の製造、国産品と輸入品のミックス、国産一辺倒ではなく複数国による製造という、単線ではなく複線、複々線といったかたちを目指していかないと、強靭性は担保できないのではないかなと思います。多くの装備で生産者が1社のみという体制は不完全、不健全であり、これを修正していくことはお金がかかりはしますが、それが冗長性を担保することになると思います。

兼原信克・元国家安全保障局次長　防衛産業はエンドユーザーがいなければ成り立ちません。しかも、これまで我が国の国防予算が長年厳しかったため、各企業とも単価を切り下げており、この分野での利益率が2～3％しかない。そのため株主総会で問題になり、防衛産業から撤退することを求められ、残念ながら実際に撤退した大企業もある。こうした現状の防衛産業を復活させなければいけないでしょう。岸田首相が防衛予算を5年間で43兆円規模に増やし、5年後には11兆円予算にするとおっしゃっているので少し息を吹き返しはするものの、まだまだ足りないと思っています。

私は10兆円の「安全保障技術基金」を作るべきだという持論を持っています。政府は10兆円規模の「大学ファンド」や総額1兆円規模の「宇宙戦略基金」を設けていますが、安保関連ではまだありません。挑戦的な研究開発を推進する国の大型プロジェクト「ムーンショット型研究開発」も平和目的の純粋科学研究だけを対象としています。米国の防衛産業が競争力を持っているのは、何兆円もの予算を新技術開発のために国防産業に投下しているからです。日本が誇る民生技術を安保に活かす枠組みを構築して、初めて安全保障・防衛産業政策になるのではないでしょうか。最先端の科学技術研究は、それ自体が我が国の安全保障・防衛における競争力に直結します。科学技術の進歩それ自体が、安全保障の基盤だという明確な旗を掲げ、最先端の技術研究開発に政府が惜しまず巨額のお金をつけるという大きな仕組みを作り、目利きの機関を新設し、優秀な民間人材も入れて安全保障関連の技術開発に取り組む国家的な仕組みが必要です。

防衛産業のあり方についても述べさせていただきたい。国家安全保障局（ＮＳＣ）の前身は中曽根康弘元首相が作られた安全保障会議（ＳＣ）でありました。ＳＣは当時、防衛産業の再編を大綱というかたちで策定するよう法律に明記されましたが、予算が足りなかったなどの理由で全く手つかずとなっていました。しかし今回初めて防衛産業に予算がつきましたが、防衛産業再編大綱を作ろうという議論は聞こえてきません。防衛産業のほうから再編を言い出すはずがありませんから、政府の誰かが防衛産業を再編しようということを言わないといけないと思います。

現状の防衛産業を概観すると、三菱重工業、川崎重工業、ＩＨＩ、三菱電機、ＮＥＣ、日立製作所などが軍事部門を持っています。しかしどこも規模的には小さく、バラバラに乱立しているのが現状です。一方で有能な技術者は大勢いて、特に、これら一流企業の民生技術の部門にも優秀な技術者が大勢います。こうした技術者を最大限国力として活かすためにも、乱立している状況を整理して、大きい会社を作っていかないといけません。乱暴に言えば「Nippon united」と「Japan united」の2社で十分だと思います。防衛産業は再編しないと強くならないということは、中曽根元首相の時代である1980年後半から自明なのです。米国を見ても、冷戦が終わって防衛費が削られた際には業界再編を経て復活した経緯があります。今存在する「ロッキード・マーチン」や「ノースロップ・グラマン」という会社の社名が、2つの名前の連名となっているのは、厳しい業界再編、合併の歴史的な背景があるからです。

また、防衛産業の横にある民生産業で、防衛産業に直結する産業というのはたくさんあります。しかし、我が国の防衛政策は軍事技術以外の民生技術について、真剣に考えてこなかった。その帰結として、例えば造船業界においては、過去に国際競争力を失った結果、中国と韓国に多くの技術者を引き抜かれました。今の日本には熟練の技師が数少なくなってしまい、今治造船だけが頑張っている状況です。これでは、有事が起きてしまってはどうしようもない。世界でも有数のLNG輸入国である日本だが、LNGを運ぶ船さえ日本は造っていません。日本にLNGを運ぶ船舶は全て中国製です。防衛産業は当然のことですが、国家安全保障に密接に関連する民生産業を含めた日本の産業全体を考え直す必要があって、国家の総力を挙げて取り組む必要があると思います。

島田和久・元防衛事務次官　兼原さんのご指摘にもありましたが、日本の防衛産業の唯一のカスタマーは自衛隊であったわけです。長い間、主として米国から技術を買って、ライセンス生産というかたちで装備品を製造し、その過程で米国から技術を得て自らのものにしてきた。おおらかな時代だったので、お金を出せば技術がもらえる時代だったと思います。

しかし今は、最先端技術をお金で買うことはできない時代になっています。F15戦闘機の国産化率は7割を超えていましたが、その次の世代で現在導入を進めている最新鋭ステルス戦闘機F35の機体は国産化率がゼロなのです。つまり、技術が開示されないのでライセンス生産が認められず、部品を組み立てることしかできない。劣った技術ではいくら装備をたくさん持っていても優れた防衛力にはならないので、国産技術に力を入れることはものすごく重要になってきています。

２０２３年度予算では、これまで本当に少なかった装備品の研究開発費を前年度と比べて３・１倍に増やしていただいて、国産技術を磨いていくことができるようになる。ただ、国産技術の研究をやっていてもカスタマーが自衛隊だけだと広がりを持てません。また装備品の高性能化によって開発経費や価格が上昇傾向にあるので、同盟国、同志国と協力して研究開発し、共同して生産するというのが一番良い方法だと考えます。ただ、ここは民間企業の経営判断でできることではないので、政府が明確な方針として打ち出し、方針を示すだけではなく政府が主体的に動かしていく仕組みを作っていく必要があると思います。

よく防衛産業という言い方をしますが、各企業の防衛部門というのは規模的に小さいので、経営陣にとって防衛部門のプライオリティーは決して高いとは言えず、目が行き届いていないところがあります。その点について、各社のトップ層に「防衛部門は国家にとってものすごく重要なのですよ」と認識していただく必要があるし、そのためにも、兼原さんがおっしゃった利益率の向上はとても重要な課題です。民間企業である以上、適切な利益をあげることが大前提だと思いますので、そこのところをきちんと政府が個々の契約で保証していくということが最低限必要なことだと思います。

前田匡史・国際協力銀行会長　我が国は、防衛産業に限らずどの産業セクターにおいてもどんどん世界で競争力を失っています。その最大の理由が新しいマーケットを作るという斬新な発想が生まれてこないことです。国内の防衛産業も硬直的で、プレーヤーも大手製造業メーカーと中間的に入っている商社など狭い「ムラ社会」になってはいないでしょうか。競争力を高めるためには安価な労働力も必要だし、リスクマネーも必要になってきます。これを日本一国ではなく、同盟国、同志国とやらないといけない。ここは島田さんと全く同じ所感を持っています。例えば、クアッドの４カ国でみると、防衛産業に転換できるような技術を持っているスタートアップを多く輩出しているのは米国とオーストラリアになります。ところが製造はというと、その２カ国より日本とインドに利がある。クアッドの外に目を向ければ、例えば韓国やフィリピンなど我が国と同じ安全保障上の脅威に晒されている国との連携も必要だと思う。これからは二国間関係で考えるのではなく、共通の価値観を有したり、似たような安全保障環境下に置かれたりしている同志国との連携を強化していくことが必要です。

我が国の防衛政策は、未整備な法制をどのように整備するかということに目が行きがちです。ここは和田さんの慧眼ですが、今ある防衛産業をどのように使うかだけではなく、どのようにこれから大きく育てていくのかも同時に考えなければいけません。例えば、日本のスタートアップが防衛分野に転換できるような優れた技術を持っていても、国内にはスタートアップを育てる仕組みもなければ資金もありません。一方、米国には国防総省にも米中央情報局（CIA）にもそういったスキームが存在し、予算も桁違いに多く持っています。結果的に日本のスタートアップが頼るのは米国となってしまい、開発された知財はほとんど全部米国に渡ってしまうという現象も起きつつあります。同盟国といえども、日本ならではの技術力は自国できちんと持っておくべきだし、それを育てるような仕組みを作るべきだというのが私の考えです。

和田義明・衆議院議員　現状ではこうした戦略的な取り組みができていません。最近、世界最大の軍備品輸入国の一つであるインドでは、ウクライナ戦争を契機にロシア製兵器への依存度を下げようとする傾向がみられます。インドのモディ首相が2023年に訪米した際、米ゼネラル・エレクトリック（GE）は戦闘機のエンジンをインドで共同生産することを発表しました。フランスのマクロン大統領が2024年、インドの憲法発布を祝う共和国記念日の式典に合わせて訪印した際、仏エアバスとインドのタタグループが協力して、インドでヘリコプターを製造するディールが締結されました。日本はまだその域に到達できておらず、実利主義のインドには物足りないと思われています。日本はここから巻き返しを図らなければいけません。相対的に日本の本気度が他国を上回っていることをどうやって見せていくか、日本外交が置かなければいけない力点はそこにあると思います。

産業界任せはありえない。政治決断がまずあって、支援する企業には手厚く支援する。日本の防衛産業の戦後79年のトラウマから卒業してもらえる環境を整備し、新たな投資を生み出していく。政治の責任は重たいと改めて思います。一方で、ビジネスとして成立しないものに対して国の予算をつけて、ゾンビのように無理やり生かすということはありえません。そうしたいびつな構造は、産業の成長の芽を絶ってしまうことにもなります。適正利益というのはどこででも言われていますが、防衛産業でもそこはしっかりやらなければいけないと思っています。

政府が国の基幹となる産業を引っ張っていくというのは、例えば半導体産業の米国、台湾の対応を見ていても、完全に政府のイニシアチブなのです。産業政策として明確な政策方針があって、財政や融資、税制などの補助金を活用しながらそれを中心に人をつけて、産業を育てていく。産業の立ち上がりの一番大事な時期のところについては、国主導でやっていくということは必要だと思っています。政府はいま、国策として巨額の補助金を半導体産業に投じています。まさに半導体でやっていることを防衛産業にも波及させたいと考えています。産業のあるべき姿とか、産業と国のあるべき関係性ということに関して、今は国民と対話しやすい環境にあると思うからです。

大学や大学院における軍事の研究に関しては、学術会議の強い圧力により一般大学での実施が事実上困難なのが現状です。国家国民を守る研究を許さないとは理解に苦しみます。このような状況が続くのであれば、防衛大学校に新たな大学の学部や大学院課程を設立し、採用する対象も優秀なエンジニアとし、要すれば腕立て伏せなどのトレーニングも減免し、ここに政府の防衛・デュアルユース研究予算を集中的に投下したら良いと思います。

島田和久・元防衛事務次官　その点については防衛省に問題があったかと思います。防衛装備の調達に関しては、公正性や透明性を担保することは当たり前ですが、特に近年は、それを強調するあまり、一般競争契約という手段に重きを置きすぎていたきらいがありました。企業と率直に話し合うことよりも、入札という手続きばかりを重視する。財務省や会計検査院の目を気にしていたわけなのですが、我々が真に気にすべきは政府内の他省庁ではなくて、安全保障環境であり、防衛力そのものである防衛産業の維持・強化です。今、従来の発想を変えていこうとしています。これを進めていくためには、まさに、和田議員がおっしゃったように政府として、半導体のように防衛産業も国策としてやっていくという方針を明示する必要がある。2023年に日本の防衛生産、技術基盤を強化し、防衛装備品の安定的な確保を目的とした「防衛産業基盤強化法」が制定され、これを受けて防衛省が基盤強化の基本方針を作りました。これを更に進め、政府全体として強固なコミットメントを示すことで、防衛産業との信頼関係を深め、二人三脚での取り組みにしていく必要があると思います。

防衛省もこの点については独自の取り組みとして、数年前から防衛産業の企業のトップと防衛大臣との意見交換を定期的に行っています。これは各社の防衛事業部門から評価していただいているようです。「社長が防衛部門のことを学んでくれるようになった」「社長から『国防にこんなに貢献しているとは知らなかった』と褒められた」などの話を聞きます。こういう官民

の対話が恒常化して、企業のトップの方々に防衛事業は国家戦略にとって重要な部門だと認識していただくのは重要だと思います。

(5)政府に官民タスクフォース(TF)を新設すべし

和田義明・衆議院議員　ここまでインド太平洋戦略2・0を実現するための手段について議論してきましたが、こうした取り組みを確実に実行に移していくためには、その責任を負った首相特命のタスクフォース(TF)が必要です。安全保障・防衛政策の重要性についての認識は高まりつつありますが、実際のコミットメントについてはその時々のリーダーによってどうしても濃淡が出てきてしまいます。TFがある程度自立的に活動できるだけの陣容を整えることができれば、そうした状況へのリスクヘッジにもつながります。この組織は首相官邸か内閣官房に設置され、防衛省や装備庁、外務省、財務省、経産省、金融庁、国家安全保障局(NSS)、民間からは金融機関、防衛産業のメーカー、商社、エンジニアなどの人材を集めてくることを想定しています。

ホリスティックに我が国の防衛産業を強化するにはどうしたらいいのか、どこの国とどういった共同開発ができるか、最適なサプライチェーンをどのように構築していくか等々、本当に全てを描き尽くした上で、実行のところをしっかりとチェックし続ける。計画通り進んでいないところがあれば、目詰まりを起こしているところを特定し、きちんと対処して確実に実行に移していく。こうした実行部隊の新設が急務ではないでしょうか。

島田和久・元防衛事務次官　和田議員の問題意識に同意します。経済安保の分野では、国家安全保障会議の事務局であるＮＳＳに経済班が作られ、取り組みがだいぶ進んできています。一方で装備移転については、政府内に専門とする組織がありません。既存の取り組みの延長線上でやっているのが現状ですが、防衛省だけではなく政府として装備移転、防衛産業協力を積極的に進めていくのだと旗幟《きし》を鮮明にすべきだと思います。その上で企業とのコミュニケーションを密接に図っていく必要があるでしょう。例えば、国家安全保障会議で各省が従うべき指針のようなものを策定し、示すことができれば強い推進力となると思います。現状は、防衛装備移転三原則を改定したことで、「あとは改定後のルールに従ってやってください」と企業の主体性に依存しているところが相当あると思います。ここは政府がきちんと前に出て、企業のリスクを減らすようなかたちで取り組んでいくことが必要だと思います。

かつて結果的には失注に終わったのですが、オーストラリアから潜水艦を提供してくれないかという話がありました。途中から他国との受注競争に代わってしまったのですが、あのときはこちら側も途中からＮＳＣを中心に、防衛省、外務省、経産省、財務省そして関係する民間企業が、タスクフォース（ＴＦ）のようなかたちを作ってまさにワンチームでやっていました。最初からやっていれば日本が受注できたのではないかと思います。官民連携の非常にいいモデルで、案件であった潜水艦に限らず一般化して恒常的なものとすべきだという意見も少なからずありました。失注によって残念ながらその構想は雲散霧消してしまいましたが、あのときのようなＴＦというかたちで、政府と企業とが率直に意見交換をしていく仕組みが必要なのではないかと思います。政府と防衛産業との関係についていえば、特に防衛省は契約当事者でもあって倫理法などもあって、かつてに比べて率直な意見交換が難しくなっている、難しいと思い込んで勝手に身構えてしまっている側面があります。それを変えていかなければいけないと思います。

和田議員が構想するようなＴＦを創設する場合でも、やはり防衛省と外務省の役割は重要だと思います。各国の置かれた安全保障環境や安全保障政策、軍の構成などを分析して、「今何が求められているか」について一番理解があるのは防衛省だと思います。防衛装備のニーズは突如降ってわいてでることはなく、何かしらの背景が必ずあります。それをできるだけ早い段階から把握し、現地に足場を持っている外務省と連携して当該国の政府なり防衛当局とコンタクトをとっていく。単なる売り込みではなく、ともに歩むようなかたちで、信頼を勝ち得られるようパートナーとして進めていくことが必要なのではないでしょうか。

今まではどちらかというと相手国から頼まれて検討を始めるケースが多かったのです。特に安倍政権のときに顕著だったのは、首脳会談で要請を受け、防衛当局間で協議が始まるというものです。事務当局としては恥ずべきことなのですが、我が国のアンテナが低かったためいきなり首脳会談から交渉が始まってしまうということが起きてしまっていた。

しかし、ＴＦの体制が常時組まれていれば、在外公館が集めてきた情報を共有し合い、官民一体となってどのように取り組んでいくか戦略を立案することもできます。装備品を輸入する国がその見返りとなる付帯条件を輸出国に提示すること（オフセット取引）もあります。防衛分野だけでなくオールジャパンでやっていく。まさに国家戦略なのだということを関係省庁、企業にも理解をしてもらう。口先だけではない、政府は梯子を外さないということを分かってもらうだけの取り組みが求められるでしょう。

伊藤弘太郎・キヤノングローバル戦略研究所主任研究員　韓国においては、国家安保室という日本でいうNSSが司令塔となって、全ての関係省庁を集めて、大統領のオフィスで会議を行い、戦略を立案しています。そして戦略に対する評価も数年後に実施する体制が整えられています。近年非常に成功している韓国でも、やはり日本と同様に省庁の垣根があり、上手く政策を進められていないケースがありました。国際競争力を持つためには、省庁横断的に実行する強力なリーダーシップが必要だということは間違いなく言えると思います。日本政府が今後TFの制度設計をしていくうえで重要な視点だと考えます。

また、韓国の防衛産業政策における強みが何かと言うと、米国をはじめとした先進国の良い制度をしっかりと研究し、その制度の利点をローカライズして取り入れる点にあります。政府内には、海外の防衛産業の動向、それも市場的動向だけでなく制度面から調べるリサーチャーもいて、社会科学的な研究施設といったリソースも予算もある。同じ社会科学の研究者としては、本当に体制・制度がしっかりしていて、韓国の強みだといつも実感しています。一方日本国内には、日本の防衛産業の研究者がほとんどいません。若手研究者の中には、そのような状況に気づいて研究をし始めるような方も出てきましたが、研究者の層はまだまだ薄いのが現状です。ＴＦに付随して、このような知的基盤をボトムアップさせるような取り組みも進めるべきだと思います。それがひいては、中長期的なＴＦの成功に直結するのではないでしょうか。

岩田清文・元陸上幕僚長　三菱電機は、フィリピンに警戒管制レーダーを輸出する前の2018年にタイでの入札でスペインに負けるという苦い経験がありました。当時の話を聞くと、政府の全面的な支援がなく、単独で頑張ったが入札で競《せ》り負けたというわけです。他国を見てみると、大使館などに勤務する駐在武官はみな武器のセールスマンとして活動しています。フランスは、2万人の装備庁職員を有し、世界中の防衛駐在官と緊密に連携しています。タイの案件は失注すべくして失注したといっても言い過ぎではないでしょう。一方で、フィリピンの案件はタイの失敗から学んで防衛装備庁もかなりコミットメントしました。売り込む最後のところまで官民がワンチームとなって動かないといけないという教訓を得られると思います。

2022年にオーストラリアで2年に1回開かれる軍事シンポジウムに参加しまし

た。主催者は同国の陸軍と国防省、防衛産業です。主な参加者はアジア地域の陸軍トップや現役兵士、それから各国の防衛関係者でして、陸幕長のときにも参加したことがあります。そのシンポジウムでは武器の展示をやっているのですが、とても驚いたことは、展示コーナーを豪国防省内の国防輸出局がリードしていたことです。日本もこうした姿勢は素直に見習うべきでしょう。もう一つ興味深かったことは、「オーストラリアミサイル公社」という団体があり、そこが防衛産業の分野に応じて事務局を設けて、きちんと業界の統制をとっているわけです。TFを稼働させていく中でそのような機動的な組織も創る必要があるのかもしれません。

和田義明・衆議院議員　TFの下で、国家戦略として適切な案件を弾《はじ》き出し、我が国のリソースの限度も踏まえた上で、リソースを集中投下して勝ちを取りに行く。このようなことができるとちょっと変わってきますよね。まずそういう体制を作るということ自体が、国民に対してもそうですが、外交的なカードにもなり得るでしょう。

こうしたTFという政府の活動は、議員外交でも側面支援できると思っています。私は2023年から2024年春にかけて、インドを3回、インドネシアを2回訪問しました。訪問した際には安全保障外交、とりわけ防衛装備移転を実現するつもりで行っています。商談を進めたいと思っていますので「先方に提示できるディールはないか」ということを現地の大使館の方にお聞きすると、彼らもそのトーンで動いてくださいます。防衛省と外務省が基本的な情報収集をそれぞれの国でやることも大事ですが、集めた情報を基に、議員外交を通じて実際の相手国の関心がどこにあるのか探ることも必要だと思っています。政府だけでなく党側にいる政治家もいわばブースターの役目をしっかりと果たさなければいけないでしょう。

前田匡史・国際協力銀行会長　私は今も内閣官房参与という役職をいただいていますが、最近取り組んでいる一つが「アジア・ゼロエミッション共同体（ＡＺＥＣ）」というものです。昨今の日本の経済安全保障はどちらかと言うと守りの発想です。だから、これを攻めの安全保障に転換したいと考えていて、ＡＺＥＣはエネルギー分野における手段の一つと捉えていただいていいです。具体的には、民間企業を巻き込んで国ごとに官民連携で動かす仕組みを作ろうとしています。組織はなくプラットフォームしかありませんが、そのようなＴＦを作る土台になるかもしれません。

また、こうしたＴＦにおいて政府系・民間の金融機関が今後果たしていかなければいけない役割も増えると思います。単独の金融機関が全ての役割を担うということは不可能ですので、それぞれのリスクの種類と量に対応するような仕組みをあらかじめ政府の方で整備する必要があるでしょう。投資損失が発生したときに最初に損失がでるハイリスクの部分は政府が負担して、ミドルリスク・ミドルリターンの中二階の部分は政府系の金融機関が、それ以外のところを民間銀行や年金基金など幅広いところで支えるというかたちもあり得るのではないでしょうか。

民間と一口で言っても様々なプレーヤーが存在すると思います。防衛産業と言われている方々にはもちろんそれなりの経験もありますし、人材も相当程度そろえていらっしゃいます。しかし、今の状況に安住しようとすると埋没するだけで、新しい血と言いますか、新しい分野の人たちも防衛産業に取り込んでいく必要があると思います。これは、「自発的にどうぞ」と言って巻き込まれるものではありません。かなり高度な巻き込み能力が必要でして、ここについては官邸主導でやらなければいけないと思います。各省から民間を巻き込むことができる秀でた能力を有した人材を選抜し、強い指揮命令系統の下で進める必要がありますし、同時にそうした政策を進めるための理論構築もおのずと求められるでしょう。

兼原信克・元国家安全保障局次長　首相が出る会議というのは大変な発信力がありま

す。首相のメッセージが国民に伝わると、国民の反応が津波のように一気に押し寄せてきて、色々な既得権益が一気に押し倒され、ガラッと空気が変わります。それが政治であり民主主義だと安倍政権のときに身をもって感じました。その国民のエネルギーを引き起こすためには、こちらからメッセージを国民に打ち込む必要があると思います。

例えば総理を本部長として「安全保障技術推進本部」を作り、安全保障技術推進基本法を制定し、防衛産業の再編と5か年計画を定期的に策定する。これはよくある日本政府の仕組みなのですが、5か年計画を作るとなると、通常、有識者会議が立ち上がります。民間有識者の知恵を入れて意見が集約され、それを踏まえて政府の計画が立案、決定されます。その後、毎年成果をチェックしていく中で、例年6月ごろに閣議決定される「骨太の方針」の中に個別具体な方針が書き込まれ、そこに予算がついていくという流れです。このような防衛産業を活性化させる大きな仕組みを導入していくことも考えていくべきです。

今、政党から上がってきた政策を国政で展開していくエネルギーが政府にないことを心配しています。本来であれば、国会議員の方々が関心のある分野について勉強会を立ち上げ、グループをつくり、数年かけて議論をした上で、党の了承を得て政府に「これは自民党の総意です」と持っていく。政策を受け取った政府が「面白い、やろう」と決断し、役所に落として政策が実行される。この一連の流れが本当の民主主義の姿です。しかし今は政府の力がとても弱く、和田議員が今回提言されるような外交・安全保障戦略を国政に転換するベルトコンベアーが機能していないと思います。

これから次に何が起きるかというと、和田議員のような50代の方々がより一層力をつけてきて、自民党や政府の中枢を担うことになる60代の半ばになったころ、日本の統治機構は大きく変容すると思います。その頃になると、今でも我が国を縛っている55年体制の革新・保守の激突の世代が現役から退くため、全く新しい時代となります。今はその準備をしなければいけない時代だと思っています。

解説（第4章）　インド太平洋戦略2・0を支える政策の提言

この章では、米国、イギリス、オーストラリア各国とＥＵの防衛産業戦略および日本の現状と今後の動向について解説する。

4-1　各国の防衛産業戦略

近年、西側諸国では防衛産業戦略を策定する動きが相次いでいる。背景には大きく、２つの共通する問題意識が垣間見られる。１つは、新型コロナウイルスの感染拡大を受けて世界中でサプライチェーンの寸断が生じたことによる、強靭（レジリエント）なサプライチェーン構築に向けた機運の高まりだ。もう1つは、ロシアによるウクライナ侵攻を契機に、防衛産業のアップデートを通じた防衛力整備が急務であるとの認識が急速に広がったことが指摘できる。

米国、イギリス、オーストラリアとＥＵそれぞれにおける防衛産業戦略の概要は次

国・地域	米国	イギリス	オーストラリア	EU
防衛産業戦略文書	国家防衛産業戦略（National Defense Industry Strategy: NDIS）	防衛安全保障産業戦略（Defense and Security Industrial Strategy: DSIS）	防衛産業開発戦略（Defense Industry Development Strategy: DIDS）	欧州防衛産業戦略（European Defense Industrial Strategy: EDIS）
公表日	2024年1月	2021年3月	2024年2月	2024年3月
目的	米国及び同盟国・パートナー国の防衛産業基盤を強化し、21世紀型の防衛産業エコシステム構築	イギリス国内における防衛産業の競争力強化とイノベーションを促進し、戦略的自律性・優位性の確保	防衛産業基盤の確立と国際協力の強化を通じて、オーストラリアの防衛能力確保	EU域内での投資促進を通じた、EU全体としての防衛技術・産業基盤の強化、競争力と即応性の確保
主な取り組み	(1) 強靭なサプライチェーン構築 (2) 防衛産業の労働力確保 (3) 柔軟な防衛調達 (4) 経済抑止	(1) 装備品調達基準の見直し (2) 生産性と強靭性の強化 (3) 技術革新と新技術の活用 (4) 国際協力と輸出機会の拡大	(1) 国家防衛産業優先事項の特定 (2) 資金援助プログラムの統合 (3) 装備品調達制度の改革 (4) 持続可能な防衛能力の維持・拡大	(1) EUレベルでの投資促進 (2) 即応性のある革新的な欧州の防衛産業の確保 (3)EUの政策全体における防衛体制整備の意識の主流化とファイナンスアクセスの改善 (4) 同志国・パートナーとの連携強化
国防予算（※1）	9160億米ドル（世界1位）	749億米ドル（世界6位）	323億米ドル（世界13位）	N/A
期間	2024~2028年	2021~2030年	短期（2023~2025年）中期（2026~2030年）※2年毎に更新される国家国防戦略（NDS）に応じて、見直す予定	2024年~2035年（2030年と2030年にマイルストーンを設定）

（※1）SIPRI, "Trends in World Military Expenditure, 2023", April 2024.
〈https://www.sipri.org/sites/default/files/2024-04/2404_fs_milex_2023.pdf〉

ページ図表の通りである。

米国の防衛産業戦略

米国防総省は２０２４年1月に、「国家防衛産業戦略（National Defense Industry Strategy: NDIS)」を公表した。米国史上初となる包括的な防衛産業戦略文書であり、その目的は米国及び同盟国・パートナー国の防衛産業基盤を強化することである。同戦略では「21世紀型の防衛産業エコシステムの構築を目指す」とうたっており、専制主義国に対して米国および民主主義国の軍事的優位性を確保するため、長期的なビジョンに立って様々な政策が練られている点に特徴がある。

この戦略策定の背景には、４つの要因が大きく影響している。

第1に、サプライチェーンの混乱である。２０２０年の新型コロナウイルスのパンデミックにより、世界的にサプライチェーンが混乱し、防衛資材などの安全保障上重要な物資の供給が脆弱であることが露呈した。これによりサプライチェーンの強靭化と安定供給の確保が急務となった。

第2に、２０１０年代半ばから中国との戦略的競争が激化し、大国間の武力衝突の可能性が高まっていることがある。中国の軍事力増強や技術革新に対抗するために、米国はじめ西側諸国は防衛産業基盤の強化と技術的優位性を確保することが求められている。

第3にはウクライナ戦争がある。2022年に始まったロシアによるウクライナ侵攻は、既存の備蓄の限界を浮き彫りにし、弾薬や装備品の生産能力の余力を有すること、すなわち戦略的備蓄の重要性を改めて示した。同時に、装備品の質だけでなく、量も重要であることが明確となり、迅速かつ大規模な生産・協力体制の確立が求められた。

第4として、イスラム組織ハマスが2023年10月、イスラエルに奇襲攻撃を仕掛けたことに端を発する軍事衝突が挙げられる。前項の通り、米国はウクライナへの武器供与の長期化にともない国内在庫がひっ迫する状況に陥ったが、ガザ地区での衝突により、今度はイスラエルへの武器の供給という新しいニーズに対応する必要に迫られた。その結果、米国自身の武器在庫が兵器によっては戦争計画に必要な最低限の水準に落ち込み、米軍の戦力に影響を及ぼすおそれがあるとの指摘もなされた。こうした切迫した状況に直面したことから、大規模な軍事衝突が同時多発的に起きたとしても対処できるよう、防衛産業の基盤を強靭化することが喫緊の課題として浮かび上がった。

こうした課題に対処すべく、NDISでは、今後3年から5年間にわたる米国防総省の防衛産業基盤への関与、政策立案、投資の指針を明記した。特に優先的に取り組むテーマとして、次の4つを定めている。

①強靭なサプライチェーン構築

この取り組みは、現在および将来にわたって必要とされる装備品、サービス、技術を迅速かつ大規模に、コスト効率よく生産できるサプライチェーンを確保することを目指している。具体的に言及がなされた施策は以下の通りである。

- 余剰生産能力への投資
- 戦略的な在庫管理や備蓄計画の策定
- 国内生産への支援拡大
- 供給基盤の多様化
- 新しい生産方式への投資
- データ分析によるサプライチェーンのリスク特定とリスク軽減
- 同盟国やパートナー国との協力による防衛生産能力の拡大

・有償対外軍事援助（FMS）のプロセス改善

②産業の労働力確保

防衛産業において、「多様で、米国を代表する高度なスキルを持った労働力」を確保すると定めた。米国においては、ウクライナ戦争の長期化などにより近年急速に軍事需要が増加したため、防衛産業における労働力不足が深刻化している。英フィナンシャル・タイムズの調査によると、ロッキード・マーチンなど米国の大手軍事メーカー3社は今後約6000人分の新規雇用を計画している。防衛産業に関わる大手企業が冷戦終結以降最速のペースで採用を進める一方で、サイバーセキュリティアナリストやエンジニア、溶接工など多岐にわたる分野の技術者の確保をめぐって非軍事部門の民間企業との獲得競争が激化していることが背景にはある。

また、近年の量子やAIなどの新興技術の台頭に伴い、民生技術と軍事技術の境界が曖昧となり、装備品に適用可能な技術領域が広がっている。中国との次世代軍事技術をめぐる競争が熾烈を極める中で、最先端の装備品開発につながるような軍民両用（デュアルユース）研究を積極支援し、防衛産業に携わる優秀な人材を確保するという明確な国家戦略も読み取れる。

ＮＤＩＳでは具体的に５つの施策に注力することを明示している。これらの施策により、重要な製造業の国内回帰、国際競争力の強化、サプライチェーン全体における生産性向上、イノベーション創出を実現できるとしている。

- 将来の技術革新に備えた労働力の確保
- ＳＴＥＭ（科学・技術・工学・数学）分野の技能開発支援
- インターンシッププログラムの機会の拡大
- 産業職への偏見の是正
- 非伝統的なコミュニティの採用拡大

③柔軟な防衛調達

「防衛プラットフォームや保守システムにおける効率性、保守性、カスタマイズ、標準化のバランスを取りながら、動的な能力を追求する」ことを目指すとした。この項目でのポイントは、装備品の調達に関して有事を前提とした動的能力の獲得を明示した点である。その理由として、長期戦の様相を呈するウクライナ戦争において、防衛産業におけるリソースの枯渇問題、兵器の過度なカスタマイズに起因する運用効率の低下や維持コストの増加など、現行の調達方法による限界があらわになったことがある。

これらへの対応策として次の5項目が挙げられている。従来の硬直化した装備品の調達フローに柔軟性を備えることで、動的な能力を確保し、従来は想定もされなかった事態に対して迅速に対応できる体制へと移行することが目指されている。

- プラットフォームの標準化と相互運用性の拡大
- スコープクリープ（要求や成果物が当初の計画の範囲を超えて拡大すること）を抑制するための要求プロセスの強化
- 既製品の導入優先
- 知的財産及びデータ権利へのアクセス増加を通じた調達
- 契約戦略の利用拡大と、政策改革や調達改革の支援

④経済抑止

ここでは、米国と基本的な価値観を共有する同盟国・同志国間において強固な防衛産業エコシステムを構築し、経済的および軍事的な優位性を維持・強化することを目指している。近年、経済的な依存関係を背景とした経済的威圧が外交・安全保障上のカードとして使う国々が現れ、これまで米国が中心となって推進してきた市場経済を

基礎とした自由貿易体制にとっての脅威となっている。そのため、価値観を同じくする国家群との協力で相乗的に強靭な防衛技術・産業基盤を構築し、経済的な抑止力を高めたいという狙いがうかがえる。その具体的な施策として、以下の６つを示している。

- 経済安全保障協定を通じた米国及びパートナー国の防衛産業基盤の強靭化
- 標準化機構への積極的参加を通じた国際相互運用基準の実現
- 同盟国との科学技術の共有の強化
- 敵対所有権に対する執行の強化
- サイバー攻撃からの保護
- 経済制裁対象国からの調達の禁止の強化

「国家防衛産業戦略（National Defense Industry Strategy: NDIS）」、２０２４年1月。U.S. Department of Defense (DoD), "National Defense Industrial Strategy 2023", November 16, 2023, (Released on January 11, 2024). 〈https://www.businessdefense.gov/docs/ndis/2023-NDIS.pdf〉 U.S. Department of Defense (DoD), "Fact Sheet: National Defense Industrial Strategy", (Accessed on June 20, 2024). 〈https://www.businessdefense.gov/docs/ndis/NDIS-Fact-Sheet_JAN24.pdf〉

イギリスの防衛産業戦略

イギリス政府は、2021年に「競争時代のグローバル・ブリテン―安全保障・防衛・開発・対外政策に関する統合的見直し（統合レビュー、IR2021）」を発表した。統合レビューは、それまで個別に策定されていた軍事や外交、経済、科学技術などに関する戦略を1つにまとめた包括的な国家戦略文書と位置付けられている。今後10年間の世界におけるイギリスの役割を定義し、地政学リスクの高まりや技術の急速な進展、気候変動やテロリズムなど新たな脅威に対処する戦略が盛り込まれている。2年後の2023年には、ウクライナ戦争での情勢を踏まえ、IR2021をアップデートした「統合レビュー改訂版」を発表している。

策定の背景には、国際秩序が新たな局面に転換する中で、外交・安全保障環境においてイギリスが独自の戦略を取り、主導権を握る必要があるという認識があったと言える。IR2021に紐づけるかたちで、イギリス政府は国内防衛産業とより生産的・戦略的な関係を構築することを目的として、「防衛安全保障産業戦略（DSIS）」も発表している。

イギリスは昨今、防衛産業の対外依存や国際競争力の低下、技術革新や研究開発の遅れなど、構造的な課題に直面していた。ＤＳＩＳの中で防衛産業は重要な「戦略的資産」と位置づけられ、その強化のため、従来の国際的自由競争を前提とした取り組みから、国内産業の保護と育成に重点を置いた「戦略的アプローチ」へと方針を転換することがうたわれている。具体的には、政府と防衛・安全保障産業との連携を強化し、政府が大規模な調達改革やサプライチェーンの強靭化、輸出許可の迅速化などの取り組みを進めることで、産業の競争力とイノベーションを促進し、国家として防衛・安全保障領域においての戦略的自律性・優位性の確保を目指すことが掲げられた。

ＤＳＩＳで明示された主な取り組みは以下の４項目となる。

①装備品調達基準の見直し

装備品調達におけるスピード、柔軟性、透明性を向上させ、「開かれた防衛調達」の実現を目指すとされた。

- 調達規則、単一供給源契約規則の見直し
- 国防省の調達や契約承認プロセスの改善
- 中小企業の防衛産業参入支援

②生産性と強靭性の強化

国家安全保障に必要な生産能力を確保するとともに経済的な繁栄を得るため、政府と防衛産業が協働してイノベーションを促進し、生産性、効率性を推進していくことが確認された。

- 防衛サプライチェーン上のリスクの特定とデータドリブンでの管理強化
- 安全保障上のリスクとなる取引（合併、買収など）の審査や介入強化

③技術革新と新技術の活用

変化する安全保障上の脅威に対応するために、新しい技術の迅速な導入を目指すとしており、官民の連携と技術開発・活用するための環境整備に重きを置いている。

- 官民学間のコミュニケーション強化
- ＡＩ技術戦略の策定
- 安全保障に資する産学界のイノベーション投資を行う防衛安全保障アクセレータ（ＤＡＳＡ）の拡充
- 防衛技術活用プログラムの拡大
- 産業界と地方の中小企業とのパートナーシップ締結支援

- 国家安全保障技術とイノベーション交流（NSTIx）を通じた産学官の共創スペースの構築

④国際協力と輸出機会の拡大

防衛・安全保障産業の国際的な競争力向上、世界防衛輸出市場におけるシェア拡大などを通して、国際安全保障環境、特に防衛・安全保障に係るサプライチェーンでの役割を強化することを目指すとされた。

- 同盟国及びパートナー国（特にＮＡＴＯや米国、オーストラリア、カナダ）との防衛産業における連携の強化
- 政府による輸出支援強化（中小企業に対する海外進出支援）
- 輸出管理制度の見直し

「防衛安全保障産業戦略（Defence and Security Industrial Strategy: DSIS）」、２０２１年3月。U.K. Ministry of Defence, "Defence and Security Industrial Strategy", March 23, 2021, (Last updated on March 26, 2021). 〈https://assets.publishing.service.gov.uk/media/60590e988fa8f545d879f0aa/Defence_and_Security_Industrial_Strategy_-_FINAL.pdf〉

オーストラリアの防衛産業戦略

　オーストラリア政府は２０２３年４月、軍の元幹部や学識者らがまとめた防衛戦略の見直しに関する報告書「国防戦略レビュー（Defence Strategic Review：ＤＳＲ）」を公表した。ＤＳＲでは、国防戦略に加え、軍の構成や予算の配分などより包括的な国防態勢の見直しについて提言がなされ、政府はこの報告書を第２次世界大戦以降で最も野心的かつ重要な戦略文書として位置付けた。特筆すべきは、過去50年間にわたる防衛指針となってきた「オーストラリアの防衛（Defence of Australia）」という概念から、同盟国やパートナー国と協働して地域のパワーバランスの維持を図る総合的なアプローチとしての「国家防衛（national defence）」の概念への転換を打ち出した点である。

　この方針転換の根底には、米国が唯一の超大国として君臨する世界が終焉を迎え、大国間による紛争リスクが強まる中、オーストラリアが戦後初めて自国の利益に直接影響を及ぼすような紛争のリスクに直面しているとの脅威認識があった。

　オーストラリアの国防政策にとって歴史的な転換点となったＤＳＲを受け、政府は翌２０２４年２月に「防衛産業開発戦略（Defence Industry Development Strategy：ＤＩＤＳ）」を発表した。ＤＩＤＳは、ＤＳＲでなされた提言を実行するために、防衛産業や防衛生産・技術基盤の開発に焦点を当てて策定された。具体的には、オーストラリアの防衛を支える産業基盤の確立、防衛力強化による拡大抑止、国際連携の強化を目指すことなどが盛り込まれ、短期（2024～2025年）及び中期（2026～2030年）の行動計画をそれぞれ定めた。主な取り組みは次の通りである。

①国家防衛産業優先事項（SDIPs）の特定

将来的に必要とされるニーズを満たし、オーストラリアの持続的な繁栄に貢献するため、優先的に取り組むべき事項を特定している。今回特定されたSDIPsは次の7項目である。

- 航空機の維持、管理、修理、オーバーホール、アップグレード能力の確保
- 新しいプラットフォームの導入などを通じた海軍の造船能力の維持・強化
- 諸兵科連合統合システムの維持・強化
- 誘導兵器、爆発物及び軍需品の国内製造能力の強化
- 自律システムの開発と統合
- 戦闘空間認識・管理システムの統合と強化
- 試験・評価、認証、システム保証

②資金援助プログラムの統合と拡充

官民が国防省のニーズや防衛産業基盤に関連するリスクをタイムリーに共有し、効率よく対応すべく、既存の複数ある助成プログラムを「オーストラリア防衛産業開発助成金」に統合する。次の４項目の支援を強化する。

- ＳＤＩＰｓで特定された分野の産業能力の確保
- 国内の防衛関連企業のグローバル進出の機会拡大
- 防衛産業従事者（貿易・技術・専門職）のスキル向上とトレーニングの支援
- 防衛産業セキュリティプログラムに準拠したセキュリティ認証の確立と維持

③装備品調達制度改革

国防省の装備品調達を迅速かつ効率的に実施するための一連の改革が規定されている。調達制度改革を通じて、調達プロセスの簡素化、リスク許容度の向上、プロジェクト及び契約承認に要する時間の短縮を目指す。

- 契約基準の見直しとプロセスの簡素化、デジタル化の推進
- 柔軟な契約モデルの開発。例えば、AUKUS Pillar IIなどグローバルなプロジェクトを支援するためのモデルの導入など

- 中小企業を含む新規プレーヤーとのパートナーシップ強化
- 調達方法の見直し。例えば、プロジェクトやリスクレベルに応じた契約プロセスの採用など
- 調達業務に従事する人材の能力向上

④持続可能な防衛能力の維持・強化

防衛能力の持続可能性を確保するために、官民のコミュニケーションの強化、イノベーションの促進、技能者人材の育成、防衛産業基盤の強靭化を推進するとしている。特に、オーストラリアの防衛産業基盤にとっての輸出の重要性や国際パートナーとの関係強化を強調している。

「(Defence Industry Development Strategy)」、２０２４年2月。
Australian Government, "Defence Industry Development Strategy", February 29, 2024.
〈https://www.defence.gov.au/sites/default/files/2024-02/Defence-Industry-Development-Strategy.pdf〉

ＥＵの防衛産業戦略

ＥＵの執行機関にあたる欧州委員会は２０２４年3月、ＥＵとして初めてとなる「欧州防衛産業戦略（ＥＤＩＳ）」を発表した。背景には、ＥＵ各国が冷戦終結後、防衛分野への投資を減らしてきたことにより、ロシアによるウクライナへの軍事侵攻を受け、域内の防衛技術・産業基盤（ＥＤＴＩＢ）の脆弱性が浮き彫りになったことがある。特に、ＥＵ域内の防衛技術・産業基盤が有事を想定した設計になっていないことや、防衛サプライチェーンをＥＵ域外に依存していたためレジリエンス（強靭性）に欠けていたことが課題として認識されていた。欧州の防衛技術・産業基盤の競争力と即応性を高めるため、ＥＤＩＳでは具体的な数値目標として、次の3点が設けられた。

(1)２０３０年までに、ＥＵ域内の防衛貿易総額の35％以上をＥＵ域内国間の貿易取引が占めること
(2)ＥＵ域内の防衛装備品調達予算のうち、域内調達比率を２０３０年までに50％以上、２０３５年までに60％以上を目指すこと
(3)２０３０年までに、防衛装備品調達の少なくとも40％以上をＥＵ加盟国間で共同調達すること

これらの数値目標の狙いは、「ＥＵの戦略的自律性」を高めることにあると言える。ＥＵ域外への防衛サプライチェーンの依存度を下げると同時にＥＵ域内での防衛調達や投資を促進し、域内で防衛産業への資金を循環させるというエコシステム構築を志向していることが読み取れる。そして、上記の目標を達成するために策定した主な施策は次の４つとなる。

①ＥＵレベルでの投資促進

ウクライナ戦争勃発以降、ＥＵの加盟国はそれぞれ防衛予算を急速に増加させてきたが、欧州の防衛技術・産業基盤の競争力を高めるためには、ＥＵ全体として投資の効率性と効果を高める取り組みが必要だとした。ＥＤＩＳでは、ＥＵとして「より多く、より良く、共同で」投資することを提案している。

- 欧州製品を調達しやすくするための制度構築・財政支援
- 欧州軍事売却メカニズムの設立
- 共同プロジェクトの立ち上げ

②即応性のある革新的な欧州の防衛産業の確保

欧州の防衛産業・産業基盤と加盟国の産業基盤を連携させ、どのような状況や時間軸においても、全防衛装備品の利用可能性を確保する体制構築を目指す。

・ドローンの生産支援
・欧州防衛サプライチェーン上の潜在的なボトルネックやリスクの特定
・防衛サプライチェーン変革加速基金（FAST）の創設

③EUの政策全体における防衛体制整備の意識の主流化とファイナンスアクセスの改善

欧州の防衛産業の持続可能性と自律性を高めるべく、EU全体で政策横断的に防衛体制整備の意識を高める施策が並んでいる。

・欧州防衛産業プログラム（EDIP）を通じた資金提供（予算：1・5億ユーロ）
・中小規模の防衛企業への融資の拡大
・欧州投資銀行の融資方針見直し
・EU全体での防衛関連規制や政策の調整
・域内の防衛技術・産業基盤におけるグリーン転換や革新技術の導入
・若い世代や優秀な人材の確保

④同志国・パートナーとの連携強化

- ＥＵ－ＮＡＴＯ間の協力促進（防衛産業、サーキュラーエコノミー、気候変動などに関する情報共有・協議体制の強化など）
- ＥＵとウクライナの防衛産業間協力の促進（追加資金提供、キーウに「防衛イノベーションオフィス」開設など）

European Commission, “First-ever European defence industrial strategy to enhance Europe’s readiness and security”, March 5, 2024.
https://commission.europa.eu/news/first-ever-european-defence-industrial-strategy-enhance-europes-readiness-and-security-2024-03-05_en

4-2 日本の防衛産業の現状と今後

武器輸出三原則の呪縛

日本においては近年、大手企業による防衛関連事業からの撤退が相次いでいる。左記は2000年以降の大手企業の主な撤退事例だが、中小企業を合わせると100社以上もの企業が撤退したといわれている。

防衛事業からの撤退が相次ぐ背景には、多くの企業で防衛事業が主要な事業となっておらず、諸外国と比べ防衛事業の収益率が低位であることがある。その主因として、「武器輸出三原則」で半世紀にわたり武器輸出が原則禁じられてきたことが指摘されている。買い手は日本政府に限られるが、日本の防衛費は1976年の三木武夫内閣以来、おおむねGDP比1%以内を目安とされてきたことで長年にわたり抑制されてきた。その結果、少量の受注が多くなり、量産効果が期待できない産業構造となってしまったという見方である。そうした構造的な問題を抱えたうえ、防衛省との防衛装備品の契約時の利益率は平均8%程度とされているが、これは原価計算方式で

No	企業名	撤退時期	主な撤退事業	内容
1	堀場製作所	2023年	防衛産業向け無人運転車両の車両開発エンジニアリングサービス	連結子会社のボリバMIRA社（英）はMIRA UGV社（英）が保有する事業をiveco defence（伊）に譲渡
2	横河電機	2022年	操縦席用ディスプレー	OKIに事業譲渡
3	KYB	2022年	輸送機用の油圧機器	撤退表明
4	島津製作所	2022年	自衛隊機の与圧系統などにかかわるエアマネジメントシステム、操縦席のコックピットディスプレーなど	事業譲渡や他社との協業など、あらゆる選択肢を検討と発表
5	三井E&S造船	2021年	造船業務	三菱重工業に譲渡
6	ダイセル	2020年	パイロットの緊急脱出装置	撤退表明
7	小松製作所	2019年	軽装甲機動車	撤退
8	住友重機械工業	2019年	新型機関銃製造	撤退
9	横浜ゴム	2009年	航空機用タイヤ	航空機用タイヤ事業からの撤退を公表（航空機用タイヤ事業以外については、防衛省と取引を継続）
10	内田洋行	2008年	防衛専門卸	防衛装備品をめぐる過大請求が相次いで発覚し、防衛省からの支払いがストップ。米津佳彦社長が年頭あいさつで事実上の撤退宣言を行った
11	住友電工	2007年	航空機用レドーム	-
12	AGC（旭硝子）	2005年	航空機用ガラス風防	フジワラに移管
13	日産	2000年	固体燃料ロケット	IHIに譲渡

出所：各社Web、発表資料より収集・作成

の予定価格から算定されたものであり、契約後の仕様変更や物価上昇、納期遅れなどによる追加コストがかかることもあって実際の利益率はもっと低いとされる。

また、他要因としては、防衛事業について株主や金融機関など企業内外のステークホルダー（利害関係者）の理解が得にくい傾向にあったり、少量多種生産や装備品の高度化・複雑化が求められるようになり、調達単価や維持・整備経費が増加傾向にあったりすることなどが挙げられる。


武器輸出に関するこれまでの政府の見解・方針は、次の通りである。

1967年、佐藤栄作首相（当時）が衆院決算委員会での答弁において「武器輸出三原則」を表明し、政府として紛争当事国などには武器の輸出を認めないとした。

佐藤首相　武器輸出三原則とは、次の三つの場合には武器輸出を認めないという政策をいう。
(1) 共産圏諸国向けの場合
(2) 国連決議により武器等の輸出が禁止されている国向けの場合
(3) 国際紛争の当事国又はそのおそれのある国向けの場合

1976年には、三木武夫首相（当時）が衆院予算委員会における答弁で、武器輸出に関する「政府統一見解」を発表。武器輸出三原則で示された禁輸国以外の国にも輸出は慎むとして、事実上、輸出は禁じられた。

三木首相　「武器」の輸出については、平和国家としての我が国の立場から、それによって国際紛争等を助長することを回避するため、政府としては、従来から慎重に対処しており、今後とも、次の方針により処理するものとし、その輸出を促進することはしない。

(1) 三原則対象地域については「武器」の輸出を認めない。

(2) 三原則対象地域以外の地域については、憲法及び外国為替及び外国貿易管理法の精神にのっとり、「武器」の輸出を慎むものとする。

(3) 武器製造関連設備の輸出については、「武器」に準じて取り扱うものとする。

第2次安倍政権下の2014年4月、「防衛装備移転三原則」が制定され、それまでの「武器輸出三原則」で事実上禁じられてきた武器輸出を、一定の条件下で可能にした。

(1) 移転を禁止する場合の明確化（第一原則）

ア　当該移転が我が国の締結した条約その他の国際約束に基づく義務に違反する場合

イ　当該移転が国連安保理の決議に基づく義務に違反する場合、又は

ウ　紛争当事国（武力攻撃が発生し、国際の平和及び安全を維持し又は回復するため、国連安保理がとっている措置の対象国をいう。）への移転となる場合は、防衛装備の海外移転を認めないこととする。

（2）移転を認め得る場合の限定並びに厳格審査及び情報公開（第二原則）

上記（1）以外の場合は、移転を認め得る場合を、（ア　平和貢献・国際協力の積極的な推進に資する場合、又は（イ　我が国の安全保障に資する場合等に限定し、透明性を確保しつつ、厳格審査を行う。

また、我が国の安全保障の観点から、特に慎重な検討を要する重要な案件については、国家安全保障会議において審議する。国家安全保障会議で審議された案件については、行政機関の保有する情報の公開に関する法律（平成11年法律第42号）を踏まえ、政府として情報の公開を図る。

（3）目的外使用及び第三国移転に係る適正管理の確保（第三原則）

右記（2）を満たす防衛装備の海外移転に際しては、適正管理が確保される場合

に限定する。具体的には、原則として目的外使用及び第三国移転について我が国の事前同意を相手国政府に義務付けている。

岸田政権においては、防衛装備移転三原則の運用指針を2023年末と2024年3月に相次いで改定。2023年の改定で、米国企業のライセンスを得て日本国内で製造された地対空ミサイル「パトリオット」の米国への輸出が可能になった。2024年の改定においては、国際共同開発した武器を直接、他国に輸出する場合、イギリス、イタリアと共同開発する次期戦闘機に限り、日本から第三国への輸出を認めた。

日英伊による次期戦闘機共同開発

政府は2022年、日本、イギリス、イタリアの3カ国による次期戦闘機共同開発「グローバル戦闘航空プログラム（GCAP）」を発表した。三菱重工業と英BAEシステムズ、伊レオナルドの3社を中心に3カ国の官民が一体で開発する。日本からは他に、エンジンにはIHI、機体に搭載する電子機器には三菱電機が携わる。共同開発するための国際機関「GIGO（ジャイゴ）」が2024年中に設置され、英国に本部

社会全体への波及効果

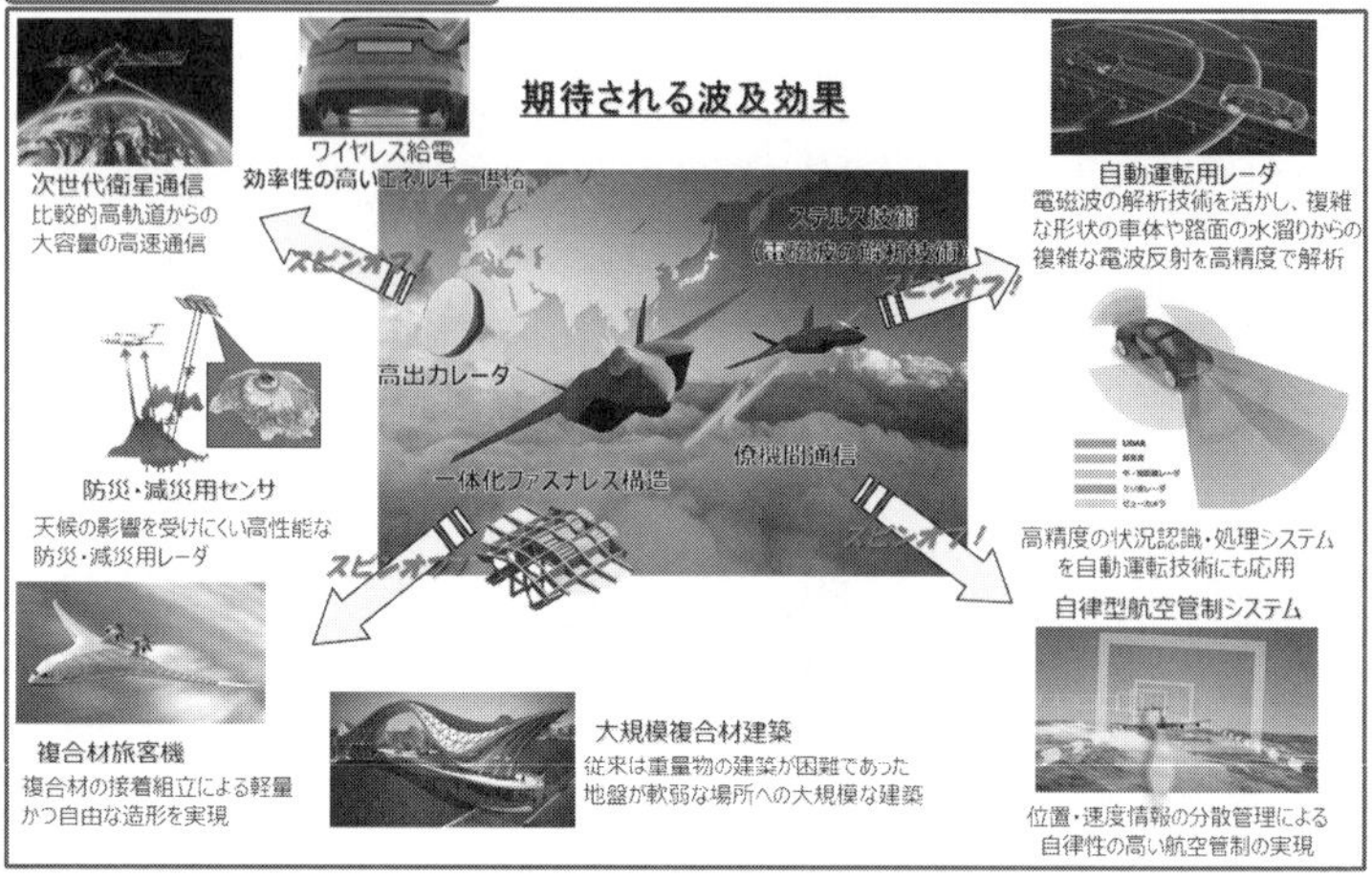
期待される波及効果
次世代衛星通信
比較的高軌道からの
大容量の高速通信
ワイヤレス給電
効率性の高いエネルギー供給
ステルス技術
(電磁波の解析技術)
自動運転用レーダ
電磁波の解析技術を活かし、複雑
な形状の車体や路面の水溜りからの
複雑な電波反射を高精度で解析
スピンオフ!
スピンオフ!
高出力レーダ
僚機間通信
一体化ファスナレス構造
防災・減災用センサ
天候の影響を受けにくい高性能な
防災・減災用レーダ
スピンオフ!
スピンオフ!
高精度の状況認識・処理システム
を自動運転技術にも応用
自律型航空管制システム
複合材旅客機
複合材の接着組立による軽量
かつ自由な造形を実現
大規模複合材建築
従来は重量物の建築が困難であった
地盤が軟弱な場所への大規模な建築
位置・速度情報の分散管理による
自律性の高い航空管制の実現

出所：防衛省　https://www.mod.go.jp/j/policy/defense/nextfighter/index.html

を置き、日本人が初代トップに就くことになっている。２０２６年までに試作機の開発を開始し、２０３５年度までの配備をめざしている。

　また、次期戦闘機の量産機数の増加、国際的に活躍する次世代エンジニアの育成、適切な生産の分担等を通じて、防衛生産・技術基盤を維持・強化できる見込みだ。更に、社会全般への幅広い波及効果も期待されている。

第5章

国民と共に進める安全保障戦略であるために

和田義明・衆議院議員　今回、インド太平洋戦略2・0を書籍としてしたためたのは、我が国が置かれた厳しい安全保障環境のリアルな実態や元商社マンとして地球儀を俯《ふ》瞰《かん》しながら考えた日本の進むべき外交・安全保障戦略を国民のみなさまにわかりやすく、丁寧に説明したいとの思いからでした。そしてできる限り多くの方々にご賛同をいただき、この戦略を実践することで子どもの代も孫の代も日本が平和で繁栄するよう、今を生きる一人の政治家として責務を果たしたいと考えていました。

そもそも外交・安全保障は一見すると「自分の日常生活とは関係ない」、「小難しい」と敬遠されがちです。我々政治家も、特に衆議院はいつ解散・総選挙が行われるかわからない「常在戦場」なので、ともすると外交・安全保障のようなマクロで中長期なトピックより、今日明日の生活のことや目の前の予算、交付金、補助金で目に見える結果を出す方を優先してしまいがちです。しかし本来はその両方をバランスよく

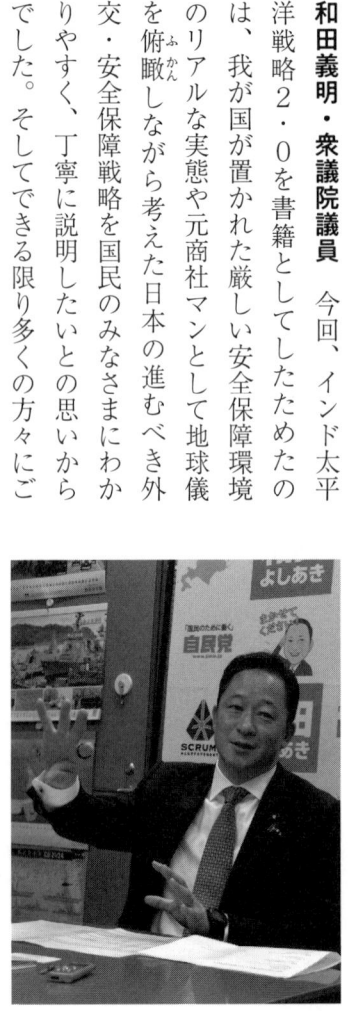

進めなければならないのです。

政治家と国民とのコミュニケーションにおいては、安全保障政策を国民に伝えるには相当な工夫を要しますし、ご理解いただくのも容易ではありません。ただ、限りある私の政治生命が終わったとき、自分が政治家としてやるべきことをやりきったと言えなければ、自分を責めても責めきれないでしょう。ですから私は臆することなく「インド太平洋戦略２・０」を国民に語りかけて行きます。

こうした思いの背景には、もう後が無いという強い切迫感もあります。戦後80年間、先人は耐え難きを耐えて今日の平和と繁栄、そして世界でも類を見ない自由と民主主義と法の秩序の価値観を誇る国家を築いてきました。この遺産を、今を生きる我々が簡単に諦めて、またはインド太平洋の同志を見捨てて、中国共産党の価値観の下に屈する選択肢は、たとえ中国がどれだけ豊かになったとしても私は絶対にないと考えています。

いざ国民に事の真意を伝えようとしても、そもそも政策の真意や客観的事実がなかなか国民に伝わりません。メディアのフィルターを通る情報には様々な意図が加わります。これから中ロなどからの偽情報や影響工作は更に苛烈になるでしょう。このハンデを乗り越えてきちんと国民とつながるためには、政策とその背景にある事実を端的にかつ情熱を込めて語りかけることが不可欠です。対外的には戦略的コミュニケーションで同盟・同志国などとの結束を固め、国際世論を味方につけなければなりません。脅威となる国に対しては、日本が絶対に譲れない「レッドライン」を明示し、安倍総理が習近平主席を念頭に「日本の国家国民を守り抜く覚悟を見誤ってはいけない」と語ったように、信念と覚悟を発信し続ける必要があります。

島田和久・元防衛事務次官　その通りだと思います。本当に我々に残されている時間はあまりありません。従来の延長線上ではないかたちでしっかりと手を打っていかないと、我々が過去に享受してきたような、自由で平和な社会は今後維持できなくなってしまうかもしれません。日本には言論の自由があり、表現の自由があり、人間の尊厳が尊重されています。しかし、ニュースを見れば同じ時代に生きる同じ人間の命が、いかに不条理に失われているかという

厳然たる事実を目の当たりにさせられます。我々にとってもウクライナなどの人々が置かれた現状は他人ごとではないと訴えていくことは必要です。「台湾有事は起きますか」という話を最近よく聞かれますが、有事は自然現象ではありません。重要な当事者である日本が、有事を起こさせないために何をしていくかということが、有事が起きるか否かということに直結してきます。そういう点で、私も議員と同様に切迫感を持っています。

日本の置かれている環境が今、本当に大きく変わってきていて、その流れはこの10年間で顕著になってきています。それゆえに、従来と比べて国民の理解を得ることも、可能性として高いのではないかと思います。日本が置かれた安全保障環境やそれに対する国家としての対応方針について、政府や政党が誠実に国民に訴え、理解を得ていくプロセスがこれまで以上に大事になってくると思います。

尾上定正・元空将　島田さんが述べられた通り、危機や有事は我々の事情に忖度《そんたく》するものではないので、いつ起こるかわかりません。よくアメリカの海兵隊が言う「Fight Tonight」、常在戦場という意味ですが、国家としていつでも戦える体制でいることが極めて重要だと思います。自衛隊ではそういう教育訓練やマインドセットをしてきたので一定程度準備はできていますが、政府全体あるいは国民を含む国全体として考えると、不十分ではないかという印象を受けます。有事は絵空事だとか遠い国の出来事ではなくて、当事者として今日の前にある有事につながり得る脅威にしっかり備え、対処していくという姿勢が大事になってきます。

安全保障政策や国防戦略は非常に複雑で、お互いに矛盾する内容が含まれていたり、あるいは相互に排他的であったりするということは事実です。従って、全体としての効果を最大にするための判断、利害調整が必要になるわけで、政治家の方々にはそうした総合調整を是非高いところからやっていただきたいと思っております。一方で、日本社会には「由《よ》らしむべし、知らしむべからず」という政治風土がずっとあります。難しい判断が求められる政策テーマなどについては国民にきちんと理解してもらうことが難しいので、「政治家、あるいは政治そのものに対する信用によって、説明は曖昧にしたままある意味うまく回し

ていく」ということが政治の要諦であるといった風土です。しかしながらこうした政治手法は、インターネットが発展しＳＮＳなどのメディアを通じてあらゆることが国民の目にさらされる現在の社会では不可能ですし、私は不適切でもあると思います。

政策や戦略を立案する官僚、総合調整をする政治家の皆さんには、複雑で難しい政策や戦略、例えば我が国の核の拡大抑止、あるいは対中軍事戦略に自信を持って判断をしていただくとともに、国民の理解を深めるために、耳に痛い批判であっても、口に苦い薬であっても、誠実に説明していただくことが重要だと思っています。

国民と政治の信頼関係は、戦争という究極の事態を抑止して乗り越えるための必要条件だと思いますので、和田さん含め国会議員の方々には今まで以上に普段から国民との率直な対話をお願いしたいと思っています。

岩田清文・元陸上幕僚長　尾上さんのご指摘は、政治だけでなく民間にも通じる話だと思います。私は今現在、三菱電機の顧問を務めています。弊社の防衛部門のトップが先日、雑誌のインタビューで「防衛装備品を中国と距離感のある第三国に提供することで中国ビジネスがやりにくくならないのか」、「次期戦闘機の共同開発に参加することで不買運動が一部であるが影響はあるか」などと聞かれましたが、彼の答えは明瞭でした。「防衛事業に取り組んでいることを隠すのではなくて、防衛事業をやっている事実があれば、それを素直にちゃんと発信し、皆さんに正確に理解していただく方が企業としては誠実なあり方でしょう」、「お客様の中には防衛とは距離を置きたいと思われる方がいるのは事実。けれども、逆にそういう方に対して情報開示しないという方が不誠実だと思っています」ということを言いました。

三菱電機の中国ビジネスは年間5000億円もあります。そこへの悪影響や様々な制約が生まれるのではないかという懸念事項は間違いなくあるわけですが、そういった目先の利益よりも企業として正直に発信することを優先したわけです。今の漆間啓社長は、強い姿勢で「国のためにできることはする」と常日頃から言っています。国家のために頑張ってくれる企業がいるというのは、本当にありがたい話です。

伊藤弘太郎・キヤノングローバル戦略研究所主任研究員　最近よく自衛官の方々が、我が国の国防意識を表す調査結果として、世界のおよそ１００カ国の研究機関が参加して実施している国際プロジェクト「世界価値観調査」を引用されています。最近の調査（２０１７～２０２０年）での「もし戦争が起こったら国のために戦うか」という問いに対して、「はい」と答えたのはわずか13・２％でした。この結果は、調査対象となった79カ国の中で一番低く、「分からない」と態度をはっきりさせない答えも38・1％と最多でした。この結果は日本国内において長年、平和と安全が国民に提供されてきたことの裏返しであり、自衛官の方は嘆かれてはいましたが、ある意味、幸せなことだったというふうに思います。

一方で、国民の安全保障・防衛に対する意識は、ウクライナ戦争など昨今の厳しい国際情勢を背景に風向きが変わりつつあるという印象をもっています。印象に残っている世論調査に、防衛装備移転に関するものがあります。防衛装備品の輸出ルール緩

和をめぐり、2023年7月に岸田文雄首相は自民、公明両党に殺傷能力のある武器輸出に関する政府見解を示す考えを伝えました。その直後に時事通信が実施した世論調査で、殺傷能力のある武器輸出を認めることへの賛否を尋ねたところ、「反対」が60・4%に上り、「賛成」の16・5%を大きく上回りました。この時点では、世論は装備移転にかなり否定的な傾向であったわけですが、約半年後の2024年3月に実施された朝日新聞の世論調査では、日英伊の3カ国が共同開発している次期戦闘機の輸出の賛否について、「賛成」は40%で、「反対」の45%の方がやや多いという拮抗した状況となりました。同時期の読売新聞の世論調査では、「賛成」が52%、「反対」が44%となり賛成が反対を上回る結果も出ています。

この間、与党内での実務者協議が23回にもわたり、メディアの注目度も高く、その賛否を問わず重要なニュースとして扱われていました。そうしたニュースに接する中で、世界が今どうなっているのか、日本はどのような安全保障環境下に置かれているのか、ということを、国民が少しずつ理解し始めたのではないでしょうか。

国民意識が変わりつつあるその萌芽《ほうが》を見られる今だからこそ、安全保障・防衛政策に関わっている和田議員を筆頭とした政治家の方々は、様々な媒体を通じて丁寧に国民に説明していく必要があると思います。昨今はソーシャルメディアの影響力が強まりつつありますがユーザー層にどうしても片寄りがあるので、テレビや新聞といった既存のマスメディアでの積極的な発信を通じて、市井の人々に広く届けるという広報戦略が有効ではないでしょうか。

武居智久・元海上幕僚長　今政治家に求められることは、国民の国防意識の啓発だと思っています。18～19世紀のプロイセンの軍人で戦略思想家にカール・フォン・クラウゼヴィッツという人がいました。彼は国家の防衛力を「物資の量」と「意志の力」で決まると定義しました。ここでいう意志の力とは、政治の意志の力だけではなく国民のそれも包含されています。ウクライナ国民のように攻められても我々は最後まで戦うのだ、「We will fight until the end」というような国民の意志を平時から醸成することは政治にしかできません。

国民にそうした意志を期待しなくてよかった時代はもう終わったと言っていいで

しょう。ただしこれには、一部の国民から「愛国心の教育をするのか」といった強い反発も予想されると思います。しかし、我が国では大学教育はもとより一般の国民に対してはなおさら防衛政策を語る機会が少なすぎるのが現状です。政治家の仕事は国民の声を聞くと同時に、国民に自分の言葉で語ることだと思います。日本がどのような安全保障環境下に置かれているのかということを恐れずに語り、国民を啓発していただきたい。

私は自衛官退官後、国家戦略研究を目的としたシンクタンク「日本戦略研究フォーラム（ＪＦＳＳ）」の顧問を務めていますが、ＪＦＳＳでは安全保障に関心の高い国会議員の方々をメンバーに、安全保障・防衛に関する勉強会を毎月開いています。また、ＪＦＳＳでは、台湾海峡危機に関するプロジェクトを立ち上げ、台湾海峡危機を題材とした政策シミュレーションを２０２１年から毎夏実施していますが、ここ３年間はこの勉強会に参加された国会議員に閣僚役を演じていただいています。シミュレーションの主たる目的は国民の啓発にあるのですが、それぞれの国会議員が重要な閣僚（内閣総理大臣や内閣官房長官、防衛大臣など）となって、連続して起きる安全保障上の事態に対して迅速かつ具体的な意思決定を模擬することで、将来、その立場になる場合に備えた疑似体験、いいかえれば訓練をする場になっています。和田さんにも参加していただいていますが、この政策シミュレーションに参加することにより、自分が安全保障や防衛政策を司る大臣に就任したとき、自分はどのようなプレッシャーの中で決断しなければならないかなど、本を読むだけでは分からない経験をする機会になっているのではないかと思います。

政治家にとって一番大事な能力は、決断することです。有事において国家の存亡に関わる意思決定は、平時のそれとは全く違い、大変に重く、苦しいものだと想像されます。政治家がそうした能力を常日頃から鍛錬し、安全保障に関する危機管理の手順に通暁《つうぎょう》しておくことは、いざというときに問題の本質を見失わないためにも大変重要だと思います。日本では政治家が参加する安全保障に関するシミュレーションはなかなかないのが現状です。有事に備えた取り組みは、本来は政府内や自民党内でももっと自主的にやるべきでしょうが、民間のシンクタンクながらこうした機会を志ある政治家に提供していけば、すこしは安全保障に貢献できるのではないかと考えています。

岩田清文・元陸上幕僚長　私も国民の安全保障に関する危機意識が今この時点でも高まっていないことに焦燥感を覚えます。防衛省は中国や北朝鮮の動向について防衛白書なども含めて断片的な情報は出していますが、不十分だと言わざるを得ません。JFSSとは別の民間組織である国家基本問題研究所では、2024年から衛星画像を使って、中国の軍拡や台湾侵攻の準備、更には日本に対する攻撃拠点となり得る駐屯地の新設などをウォッチして、定期的にその画像を公開し始めました。国民への情報提供が第一の目的で、こうした画像を活用したコンテンツの展開について新聞社と調整を進めています。本来は政府が積極的に様々な情報を国民に提供すべきだと思いますが、政府が国民に情報提供しづらい分野は、米国のように民間シンクタンクが担うしかないと思います。

2024年の通常国会での審議で、防衛産業に従事する方々に対してある野党のトップが「死の商人」という表現を使ったことがありました。強い憤りを感じましたが、防衛全般に関してそういう負のイメージが国民の潜在意識にあることは否定できません。

三菱電機も、2年前まで「防衛」という単語を部署名に使えませんでした。今は防衛宇宙システム事業本部という看板になっていますが、それまでは電子システム事業本部としていた。世間でも防衛はアンタッチャブルという雰囲気が残っていますが、そういった時代錯誤の認識や雰囲気は、逐次変えていくしかないと思います。死の商人ではなく、各国の安全を保障する商人だということをわかっていただきたい。

和田義明・衆議院議員　ＪＦＳＳの台湾有事シミュレーションは私も３年連続参加させていただき、防衛大臣、外務大臣、総務大臣の役を拝命しました。めまぐるしく展開する状況に迅速かつ適切に対処するためには知識と胆力が求められます。そしていざ有事になると犠牲は避けられません。有事を何としても抑止すること。これが至上命題であることを痛切に思い知らされます。この事業は日本の元政府高官・将官に加えて米国の元政府高官など錚々《そうそう》たるメンター陣の指導を受けながら研鑽を積む最高の道場です。

三菱電機の存在は経済界の中でも稀有な存在だと見ています。防衛装備の海外移転第一号としてフィリピン空軍へのレーダー供与を成功させることができたのは、そういった覚悟と、フィリピン政府・軍の信頼を勝ち取るための血の滲むような努力が結実したのだと思います。２０２４年６月に小野寺五典・元防衛大臣を中心とする自民党防衛産業強化・装備移転推進議員連盟でフィリピンにてテオドロ防衛大臣、マナロ外務大臣などと意見交換をした後にマニラから車で５時間かけて三菱電機のレーダーが設置・運用されているワレス空軍基地を訪れました。中国が力による現状変更を試みている南シナ海の空を睨《にら》むこのレーダーが導入されたことでフィリピン空軍が中国の航空機やミサイルを捕捉できるようになったと基地の方々が満面の笑顔で喜んでいました。この案件に汗を流した三菱電機と日本政府の関係者に心から敬意を表します。日本の防衛産業はこれに追いつけ追い越せと頑張っていただきたいと願っています。

政府が国家安全保障、とりわけインド太平洋戦略2・0に対するコミットメントを明確に示し、そのコミットメントが永続的なものであり、決してブレないということを行動で示し続けなければなりません。その上で、防衛産業に信頼していただいた暁《あかつき》には、国策として防衛人材育成、研究開発、製造、整備修理、サプライチェーンマネジメントを牽引《けんいん》しつつ、企業にダイナミックなチャレンジをしていただくというステップをこれから踏んでいかなければならないと考えます。私は政府一丸となって装備移転や共同開発を応援できる体制を構築して参ります。

尾上定正・元空将　これまでの議論とは少し違う視点から問題提起させていただくと、昨今、情報工作や認知戦が戦術面において重要な位置を占めてきています。国民と政治の信頼関係に直結する話ですが、国民、世論を分断させようと色んな工作を仕掛けて、くさびを打ち込むことが社会の目のみえないところで行われている。こうした動きに対しては、政府を信頼してもらえるような発信、方針をきちんと国民に説明することが重要になってきます。

ロシアによるウクライナ侵攻が始まった直後に、ロシアは「ゼレンスキー・ウクライナ大統領はもう逃げた」というような偽情報を流した。それに対してゼレンスキー大統領は「わたしはここ（首都・キーウ）にいる」というメッセージを、ＳＮＳを通じてすぐに国民に向けて発信しました。こうしたＳＮＳ戦略も重要ですし、平素から日本政府が国民に対して、「武力攻撃が起きたり、重要な事態が生じたりした場合はこういう方針で対処する。その方針と異なるような事実関係が出てきたとしたら、それはフェイクだと思ってほしい」というようなことを語っておくことが大事になります。

事実関係の確認というのは、危機の渦中にいると難しいものがあります。情報が錯そうし、何を信じていいのか分からない状況に陥ると、国民はパニックとなり政府が発信してもその声は届かなくなってしまう。そのような状況はまさに敵国が望むシチュエーションですので、そうならないようにするために、政府は国民に対して様々なシミュレーションやシナリオを開示するなどしてコミュニケーションを密にしておくべきです。

岩田清文・元陸上幕僚長 今の政府内には国家全体の情報を取りまとめる組織が薄いため、サイバー攻撃と絡めた認知戦や、政治的意図を持った情報戦に対し、政府からの積極的な情報発信など、戦略的コミュニケーション実行のための組織がないのが現状です。サイバー関係については、既存の内閣サイバーセキュリティセンター（NISC）を改変して一元的にサイバー関連の情報収集ができるように強化する方向にはなっていますが、認知戦や宣伝戦、あるいはフェイクニュースなどまで包括したインテリジェンス・コミュニティーを統括する組織が必要です。この点については、安保3文書でも言及があったと思いますし、それ以前に自民党からも提言がありましたが、残念ながら、進んでいるという情報は聞こえてきません。

我が国の情報機関のトップは内閣情報官で、率いている組織は内閣情報調査室を主体とする小さい規模の組織です。インターネット上に氾濫《はんらん》する様々な悪意のある情報に対して、一元的に確認して、正しいことは正しい、間違っていることは間違っているときちんと国民に知らしめたり予防したりするには脆弱な体制と言わざるを得ません。認知戦などは平時の戦争だとよく言われます。これからの時代とても重要となる領域ですので、国民への正確で確実な情報伝達のためにも、まずは政府内の体制を整えることが重要となります。

伊藤弘太郎・キヤノングローバル戦略研究所主任研究員　岩田さんのご指摘は大変的を射たものだと思います。政府内のどの組織に、新しく出現した戦争領域をもカバーした司令塔機能を持たせるのか、明確にすべきです。福島第一原発の処理水を薄めて海に放出する計画をめぐっては、韓国のインターネットメディアが悪意ある偽情報を拡散させるという事案が２０２３年に起きました。このときは、日本外務省が毅然《きぜん》かつ迅速に反応して、一つの成功事例と言える対応をとりました。しかし、今後の世界はこうした事案が多発的に起きることが想定されます。そうした状況に国家として対峙した際、一省庁で機動的に対応できるかといったら、非常に難しいと思います。

　政府内ではサイバー攻撃を受ける前に対抗措置をとる「能動的サイバー防御」の導入に向けた議論が始まっています。こうしたサイバー領域での対応も含めた一体的な運用体制をどのように整備し、どういった専門的な知見をもった人材をかき集めて強力な陣容とするのか。おそらく官僚だけでは実効性のあるものは作れず、絶対的に民間人材の力が必要となってきます。折しも、２０２３年5月にセキュリティ・クリアランス法が我が国でも成立し、日本の情報保全体制が先進諸国並みに強化されました。この制度を十二分に活用し、民間人材を戦力として活用していくという取り組みが今後必要になってくると思います。

和田義明・衆議院議員　中国はSNS、プロパガンダ、エリート層への働きかけなどあらゆる手段を使って巧みな影響工作を行います。その目的は①中国のイメージを向上して支持を広げること、②中国にとって不利なナラティブ（言説）に反駁《はんばく》したり遮断したりすること、③対象国の社会の分断を拡大して政治社会に混乱を起こすこと（c.f.防衛研究所NIDSコメンタリー第288号）とされています。影響工作は大きく分けて共産党中央宣伝部、同統一戦線、人民解放軍の3つの系統に分かれている。その系統の先には五毛党のようなSNS書き込みの巨大アルバイト組織もあります。それらの活動の中には福島の処理水やいわゆる歴史問題など日本を不当に貶《おとし》めるものもあると言われています。書き込みが多ければそれなりの注目を集めます。SNS上のデマの書き込みを中国政府の報道官が取り上げて、あたかも事実かのように報道する試みも指摘されています。しかし日本も各機関が分析を進めており、AIロボットが書き込んでいるアカウントを特定したり、一般の日本人を装ったアカウントが実は中国の政府系メディアの職員のものであることを特定したりもしているようです。能動的サイバー防御法案が可決された暁にはより有効な手段を講じることが期待されます。そしてそれ以上に何が正しくて何が嘘であるかを、政府の国民、同盟国、同志国に対する戦略的コミュニケーションで適時発信し、正しい世論形成を実現することが肝要です。

　また、サイバー空間を通じて国民に実害を与えかねない脅威が存在することを米国ＦＢＩが指摘しています。２０２４年2月、ＦＢＩのレイ長官が下院の公聴会で「中国は米国の技術革新や個人と企業のデータの窃取に関与している」が、それだけでなく「重要インフラにマルウエアを仕掛け、有事の際に米国民や社会に実害を与えようとしている」と証言し、発電所や鉄道などの重要インフラが標的になっていたことも明らかにしました。米国では２０２０年12月と２０２１年5月にも大規模なサイバー攻撃があり、石油のパイプラインも甚大な被害を被りました。無論、このような攻撃の対象として日本も例外であるはずがありません。

　インテリジェンスのあり方についても一言お話ししたいと思います。日本には内閣情報調査局、警察庁、警視庁、外務省、防衛省、公安調査庁といった、いわゆるインテリジェンス機関に分類される組織があり、これらは安倍元首相在任時に設立された国家安全保障会議において重要なインテリジェンスを主要閣僚に報告します。しかし、これら情報機関の間で共有される情報は限定的であり、縦割りが色濃く残るのが現状です。米国だと国内インテリジェンスはＦＢＩで国際はＣＩＡ、英国だと国内がＳＳ（通称ＭＩ‐５）で国際はＳＩＳ（通称ＭＩ‐６）と分かれていますが日本ではそのようになっていません。情報収集・分析能力を抜本的に向上させ、作戦遂行やテロ抑止の精度を高めるためには国際インテリジェンスを担う日本版ＭＩ‐６の設立が必要です。私の岳父、町村信孝が外務大臣のときに「町村ノート」なるものを残しました。そこには、集団的自衛権を認める平和安全法制、厳格な情報保全を定める特定秘密保護法、そして国際インテリジェンス機関の設立の必要性が謳われていました。最初の二つは安倍元首相在任中に法案が可決されましたが、国際インテリジェンス機関の設立は叶わず「やり残した仕事がある」と残念そうに話していたのが忘れられません。日本の脅威となる国々は軍隊など目に見える火力だけでなく、影響工作などのあらゆる手段を講じて日本に対する優位性を確立しようとします。そしてこれらの手段は常に進化、変化し続けます。これらの情報をいち早く察知し、対抗手段を講じて、日本の抑止力を常にベストな状態に維持することが日本の国益の際たるものです。日本の国際インテリジェンスはＧ７と比べて規模と質の両面において劣っていると言われています。政府の政策の源であるインテリジェンスを引き上げるべく、私は岳父がやり残したこの仕事を引き継いで行きたいと思います。

おわりに

本書の執筆にあたっては、我が国が直面している安全保障の課題を直視し、混迷を極める国際秩序を何とか維持しながら、日本とインド太平洋地域の平和を守り続ける為の戦略について深く掘り下げた。国民の皆様に「いかに平和を勝ち取るか」ご議論いただく為の礎となるよう、できる限り分かりやすく解説することを意識した。この目標を達成できたかどうかは読者の皆さまのご判断にゆだねるが、まずは、私の想いを詰め込んだ本書を最後までお目通しいただいたことに厚く御礼を申し上げたい。

ロシアに侵略されているウクライナでは無辜《むこ》の国民を含む夥しい犠牲者が出ており、美しく肥沃《ひよく》なウクライナの特に被占領地域は焦土と化している。これが我が国の隣国ロシアの所業である。

それぞれの章で指摘してきたように、日本、インド太平洋地域を取り巻く国際情勢は緊迫の一途を辿っている。ウクライナに侵攻したロシア、急速に軍事力拡大を押し進め、覇権への野心を隠さない中国、核兵器と弾道ミサイルの開発を進める北朝鮮。そしてこれらの国々が場合によってはイランも巻き込んだ専制主義・修正主義国家の新たな同盟になりつつある。我々の対応が遅れれば取り返しのつかない事態に陥りかねない、危機的な状況に置かれている。

私が本書において提唱した「インド太平洋戦略2・0」は、この難題を乗り越えるためのビジョンである。それはすなわち、インド太平洋全体で、修正主義・専制主義国家の力に対する抑止力を極大化し、力による現状変更を断念させ、封じ込めていくということに他ならない。そして、このビジョンを実現するために必要なエッセンスが日本の政治家の覚悟と、パートナーとの連携の「固」「広」「深」、そしてサプライチェーン型安全保障を基軸とした外交である。

このビジョンは、私が敬愛して止まない国内外の多くの有識者の方々から長年にわたりご指導をいただき、議論を重ね、また私自身が安全保障・外交の現場でのさまざまな経験を経て築き上げてきたものである。そして今回、とりわけお世話になっている9人の卓越した賢人の方々にこのビジョンへの磨きをかけていただき、また厚みを出していただいた。改めて9人の賢人のお名前を挙げて、その知見と洞察力、情熱に感謝御礼を申し述べたい。

角南篤・笹川平和財団理事長には常々、公共政策、産業技術政策、外交に関する知見をいただいている。また、議員外交、軍人交流などにご尽力いただいている。本書では、グローバリゼーションの拡大と反動という視点から安全保障の現状を解説いただき、アジアの国々と「インド太平洋戦略2・0」を立体化していく外交戦略についてもお墨付きをいただいた。

島田和久・元防衛事務次官には、日々安全保障の課題とあるべき姿について薫陶をいただいている。第2次安倍政権の首相秘書官として7年にわたり「地球儀を俯瞰する外交」の最前線で実務を担ったご経験、元防衛省事務方トップとしての思いの丈を語っていただいた。特に日本が米国とともにアジア、インド太平洋の安全保障のハブ

となる意義について示唆をいただいた。

平松賢司・元駐印大使とはインドウォッチャーとしての交流にとどまらず、中国の脅威に直面する2カ国の安全保障外交、デジタル産業の振興や人材交流の可能性について常々ご教示いただいている。数十年先のグローバルリーダー・インドとの関係を安全保障で抜本強化する「インド太平洋戦略2・0」の重要性を評価いただいたことにも感謝したい。

安倍政権で一貫して安全保障政策の中枢を担った兼原信克・元国家安全保障局次長には、国際情勢、外交、安全保障のリアルについて日々知見をいただいている。安倍首相が失墜していた国際社会における日本の信頼をいかにして取り戻したか、首相官邸での経験に基づく「トップ主導」と「決断力」の重要性を力強く語っていただいた。読者の皆さまにも感じ取っていただけたと思う。

前田匡史・国際協力銀行会長には、その類希な国際人脈を通じて世界トップレベルの有識者をご紹介いただいている。内閣官房参与という政策立案のブレーンとして、また金融マンとしての視点から防衛産業の強化に当たって、政策とビジネスをどのように関連付け、インド太平洋地域の平和と日本経済の発展を両立するか、官と民の人材活用、金融機関の活用などについて卓見をうかがえた。

気鋭の安全保障、韓国内政・外交の研究者であるキヤノングローバル戦略研究所の伊藤弘太郎主任研究員からも、政治のリーダーシップと国家産業政策の重要性を隣国韓国の事例を通じて知見をいただいている。日本以上に権威主義国家に隣接する韓国がいかにして世界屈指の防衛装備輸出国に成長したか、その背景にある安全保障政策について最新の情勢を解説いただき、ビジョンへのインサイトをいただいた。

そして陸海空の最前線で指揮を執ってきた3人の元自衛隊幹部の鋭いご所見は、実績と経験に基づくものであり、私は常々感銘を受けてきた。この御三方は日本戦略研究フォーラム（JFSS）主催の台湾有事シミュレーションで有事のシナリオを制作していただいている。岩田清文・元陸上幕僚長からは「（防衛産業は）死の商人ではなく、各国の安全を保障する商人」というご見解をいただき、まさに「我が意を得たり」という思いである。また、私の地元選挙区にある陸上自衛隊第七師団の師団長も歴任されており、政治家に求められる覚悟についても日々鍛えていただいている。

武居智久・元海上幕僚長からは、インド太平洋の情勢を冷静沈着に分析いただき、有事でも崩れない強固な継戦能力の必要性や、それを支えるシーレーンの安全の重要性について示唆をいただいた。加えて、国民の国家安全保障に対するリテラシーと覚悟の重要性にも触れていただいた。

尾上定正・元空将も地元選挙区の航空自衛隊第二航空団司令を歴任されており、「戦略の目的と手段の整合性」はまさに地に足のついた政策立案と執行の原理原則をご指摘いただいた。また、「政治家には、複雑で難しい政策や戦略に自信を持って判断をしていただくとともに、国民の理解を深めるために、耳に痛い批判であっても、口に苦い薬であっても、誠実に説明していただくことが重要だ」というご指摘は、私自身も政治家として肝に銘じてゆきたい。

また、至らない私を日々支えてくださっている支援者や同志の皆様、政治の現場でご指導いただいている政治家の先輩方、同志の皆様、そのお力なくして政治家・和田義明は存在せず、日々のご支援ご指導のおかげで研鑽をつませていただき、闘争心が腹の底から湧き上がるやりがいのある仕事に従事させていただいている。いつも本当に感謝している。

そして私の新たな安全保障ビジョンである「インド太平洋戦略2・0」の検討・構想過程では、デロイト トーマツ グループで防衛・宇宙産業や政策提言を担当する皆さんとも闊達《かったつ》な意見交換を行い、この書籍をかたちにする大きな力をいただいた。

私の事務所のスタッフも、恐らく多くの議員事務所とは比べ物にならない仕事量を黙々とこなして、私の力になってくれており感謝したい。

最後に、いつも心配をかけ、寂しい思いばかりさせている妻・直子、娘・春乃、母・節子、義理の母・町村淳子にも感謝の念を伝えたい。

本書を通じて読者の皆さまが我が国の安全保障の厳しい現状に目を向け、我が事として、大切な我が子や大切な人の未来の事として、考えるきっかけになることを願っている。皆さまが現状の認識を深め、平和を実現する現実的な手段を一緒に考えて下さることそのものが、より平和で安定した日本とインド太平洋地域を構築していく原動力になるはずである。

私・和田義明は本書を読んでくださった皆さまと共に、より良い未来、日本の平和と繁栄をより確かなものにして次世代に受け継いで行けるよう、これからも全力を尽くして参る所存である。

令和6年　盛夏の北海道にて

衆議院議員　和田義明

カバー・デザイン　河村 侚
本文デザイン＆DTP　生田 敦
図版作成　岡田 茂

和田義明（わだ・よしあき）

衆議院議員、自由民主党北海道第5選挙区支部長。

昭和46年（1971年）10月10日生まれ。パリインターナショナルスクール、早稲田大学商学部卒。平成7年（1995年）、三菱商事に入社。約20年間、中南米・東南アジア・インド等で自動車の販売網構築、販売マーケティング、M&A等に従事。ペルーに1年間長期滞在し、インドに5年間駐在した。岳父、町村信孝の逝去に伴い、平成28年（2016年）、衆議院補欠選挙に立候補し初当選。商社時代に培った「徹底した現場主義」を政治信条とする。

内閣府大臣政務官、内閣府副大臣、防衛大臣補佐官などを歴任。著書に『北海道ブランド戦略』（幻冬舎、2019年）。

座談会参加メンバー

角南篤・笹川平和財団理事長、 島田和久・元防衛事務次官、 平松賢司・元駐印大使、 兼原信克・元国家安全保障局次長、 前田匡史・国際協力銀行会長、 岩田清文・元陸上幕僚長、 武井智久・元海上幕僚長、 尾上定正・元空将、 伊藤弘太郎・キヤノングローバル戦略研究所主任研究員

新たな安全保障外交への道

インド太平洋戦略2.0

発行日　2024年9月30日　初版第1刷発行

著　者　和田義明
発行者　秋尾弘史
発行所　株式会社 扶桑社

〒105-8070
東京都港区海岸1-2-20　汐留ビルディング
電話　03-5843-8842（編集）
　　　03-5843-8143（メールセンター）
　　　www.fusosha.co.jp

印刷・製本　タイヘイ株式会社印刷事業部

定価はカバーに表示してあります。

ISBN 978-4-594-09797-4